数字化时代的传媒产业结构升级与创新

艾子渊◎著

辽宁大学出版社 | 沈阳
Liaoning University Press

图书在版编目（CIP）数据

数字化时代的传媒产业结构升级与创新/艾子渊著.
沈阳：辽宁大学出版社，2025.1. --ISBN 978-7-5698-
1866-6

Ⅰ.G206.2

中国国家版本馆 CIP 数据核字第 2024BZ2270 号

数字化时代的传媒产业结构升级与创新
SHUZIHUA SHIDAI DE CHUANMEI CHANYE JIEGOU SHENGJI YU CHUANGXIN

出 版 者：	辽宁大学出版社有限责任公司
	（地址：沈阳市皇姑区崇山中路 66 号　邮政编码：110036）
印 刷 者：	定州启航印刷有限公司
发 行 者：	辽宁大学出版社有限责任公司
幅面尺寸：	170mm×240mm
印　　张：	13.25
字　　数：	220 千字
出版时间：	2025 年 1 月第 1 版
印刷时间：	2025 年 1 月第 1 次印刷
责任编辑：	金　华
封面设计：	高梦琦
责任校对：	张　茜

书　　号：ISBN 978-7-5698-1866-6
定　　价：78.00 元

联系电话：024-86864613
邮购热线：024-86830665
网　　址：http://press.lnu.edu.cn

前言

近年来，随着互联网技术的持续发展，我国的文化产业呈现出了蓬勃发展的态势，文化产业日益成为为经济发展助力的重要内生力。当前，我国的文化产业发展应把握机遇与趋势，结合实际发展情况适当调整战略，从而打造有中国特色的文化产业。传媒产业在文化产业中占据核心地位，不仅对中国经济增长具有重要的推动作用，而且对中国文化的繁荣发展有着关键意义。

基于数字化时代，诸多信息技术与商业合作将技术、内容、组织结构等方面有机结合起来，使现代化技术成为改变原有传媒产业的巨大力量。数字运营成为传媒产业发展的重要手段，并在无形中推动了传媒融合逐渐朝向纵深转型，这对媒体发展、社会发展等方面产生了一定的影响。如今，数字传媒正处于大变革、大调整的阶段，推动现代数字传媒产业的快速发展，有效满足人们的精神文化需求，是当今数字化时代提高我国文化软实力的必经之路。

本书分为七章，深入浅出地分析了数字化时代下传媒产业结构的转型。第一章介绍了无所不在的传媒产业，包括传媒产业的概念和特征，我国传媒的产业化发展，传统媒体、新媒体、新兴媒体与融媒体等；第二章分析了传媒产业的基本结构特点，分为价值链结构、供应链结构与产业链结构；第三章探讨了新媒体技术的革命与演变、新媒体技术与传媒内容生产革新，并介绍了新媒体技术与媒介经营的创新；第四章就数字化时代背景下的传媒产业的管理与文化创新进行了探析；第五章结合当前人工智能技术对社会发展、传媒领域、用户及受众市场产生的影响展开了分析，剖析了人工智能技术对媒介生产传播的全流程再造，并提出了人工智能技术助力新闻媒体创新发展的对策与建议；第六章探究了"5G+"时代对传媒产业结构与功能的重塑及对传媒电视业的启示，分析了虚拟现实与增强现实在传媒产业中的应用路径；第七章研究了基于数字化时代的新传媒产业形态的升级、重构与新传媒产业平台的一元化转型。

在当今数字化迅速发展的时代，为了适应传媒产业发展的现实需求，助推传媒产业不断取得进步，特编写本书。本书基于我国传媒产业大变革的背景编写而成，全面体现了我国当前传媒产业发展的要求，并且突出了我国传媒产业自身发展的趋势与特色，有着鲜明的时代性、创新性、实用性特点。书中在理论部分进行了详尽阐述，以理论为基础，为数字化时代下传媒产业的发展提供了建议与思路。由于笔者自身的精力与时间有限，本书难免存在一些不足，敬请广大读者批评指正！

目 录

第一章 无所不在的传媒产业 ·· 001
    第一节 传媒产业的概念和特征 ···································· 001
    第二节 我国传媒的产业化发展 ···································· 004
    第三节 传统媒体、新媒体、新兴媒体与融媒体 ·············· 009

第二章 传媒产业的基本结构特点 ·································· 016
    第一节 传媒产业的价值链结构 ···································· 016
    第二节 传媒产业的供应链结构 ···································· 027
    第三节 传媒产业的产业链结构 ···································· 030

第三章 新媒体技术与传媒产业生态演变 ······················ 037
    第一节 新媒体技术革命与演变 ···································· 037
    第二节 新媒体技术与传媒内容生产革新 ······················ 051
    第三节 新媒体技术与媒介经营的创新 ·························· 068

第四章 数字化时代背景下的传媒产业及其创新 ············ 079
    第一节 数字化时代与我国传媒业分析 ·························· 079

第二节　数字化时代背景下传媒产业的管理创新……………………094
　　第三节　数字化时代背景下传媒产业的文化创新……………………102

第五章　人工智能技术对传媒领域的影响与具体应用对策……………117
　　第一节　人工智能技术对社会发展与传媒领域产生的影响…………117
　　第二节　应用人工智能技术对用户及受众市场产生的影响…………128
　　第三节　人工智能技术对媒介生产传播的全流程再造………………134
　　第四节　人工智能技术助力新闻媒体创新发展的应用对策与建议…138

第六章　"5G+"时代对传媒产业结构的重塑及其实际应用路径………144
　　第一节　"5G+"时代对传媒产业结构与功能的重塑…………………144
　　第二节　"5G+"时代环境下传媒电视业的转型………………………149
　　第三节　"5G+"时代环境下虚拟现实与增强现实在传媒产业中的应用路径　162

第七章　基于数字化时代的新传媒业态升级与转型的前瞻性研究……170
　　第一节　基于数字化时代的传媒业态的融合与分立…………………170
　　第二节　基于数字化时代的新传媒产业形态的升级与重构…………183
　　第三节　基于数字化时代的新传媒产业平台的一元化转型…………193

参考文献……………………………………………………………………201

第一章 无所不在的传媒产业

第一节 传媒产业的概念和特征

一、传媒产业的概念

"传媒"也被称为"媒介""媒体",指的是传播信息资讯的载体,也就是在信息传播的过程中,从传播者到接受者之间所携带与传递信息的物质工具。具体来说,可将传媒分成报纸、广播、电视、图书及当今时代迅速崛起的移动网络与互联网络等。

"产业"是社会分工的产物,是有着相同属性的社会经济活动的系统,是社会生产力发展的重要结果。产业是由利益相互关联、分工不同、各相关行业共同组合而成的业态的统称,虽然不同产业的经营方式、流通环节等方面各不相同,但其经营的范围与对象往往是根据共同的产品而确定的。

根据传媒与产业的基础概念,"传媒产业"指的是传播各种各样信息、知识的传媒实体部分共同构成的产业群,是一种能够传播各种以图形、艺术、影像等形式而存在的信息产品,以及能够为人们提供各种增值服务的特殊化产业形式。传媒产业分为广义与狭义两种形式,广义的传媒产业指的是有关传播活动的所有组织的企业经济活动的统合,狭义的传媒产业指的是除了政府传媒管理部门之外的各种类型的媒体,还有一些能够为媒体生产提供产品或者服务的组织与机构。通常情况下,传媒产业指的是狭义的传媒产业。

二、传媒产业的基本特征

传媒产业不仅有着诸多与其他产业相似的特性,还与其他产业的特殊性与内在规定有明显差别,传媒产业主要有以下几个特征(见图1-1)。

```
01 传媒产业是"注意力产业"
02 传媒产业以信息服务为主
03 传媒产业资源配置的渠道是市场
04 传媒产业生产方式有工业化特征
```

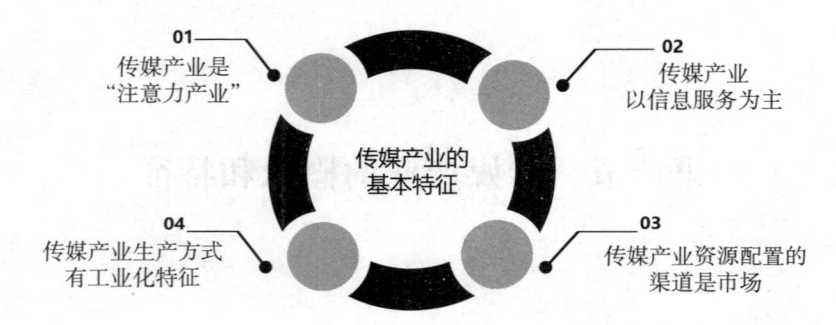

图1-1 传媒产业的基本特征

(一)传媒产业是"注意力产业"

相比而言,传媒产业与其他产业的明显区别是,传媒机构并非依靠出售自身产品而获得所有的回报,"第二次售卖"往往是传媒机构的主要经济回报来源,即把凝聚于版面或者时段上的受众"出售"给一些对这些受众感兴趣的宣传者或广告商。换言之,传媒的经济价值是传媒所吸引的受众的注意力。传媒产业是一种"注意力产业",其市场价值的高低主要取决于能否有效博取受众的眼球,其实质强调了"受众本位"的理念。传媒产业的市场价值与受众关注程度、受众注意力保持、有效人群选择等因素密切关联。[①]

---

① 尹章池.传媒产业概论[M].武汉:武汉大学出版社,2017:2.

（二）传媒产业以信息服务为主

传媒产业与其他产业一样，主要是由多个子系统共同构成的庞大的产业体系。其中，涉及传媒信息服务、传媒制造、多种经营等，各个子系统之间互为条件，相互补充和支持，信息服务占据着主导地位。[①]

（三）传媒产业资源配置的渠道是市场

健全的传媒市场除了以政府的宏观指导为基础，更加依赖完善的市场机制。传媒产业资源配置的渠道是市场，其生产力要素依赖市场而进行组织，除了共同传媒产品之外，一般传媒产品消费完全呈现出商品化趋势。通过价格引导传媒资源逐渐朝着效率高、效益好的机构集中，有效提高了传媒资源的实际应用价值，进一步使传媒产业的结构得到了优化，从而能够更好地满足受众对传媒产品的现实需求。

（四）传媒产业生产方式有工业化特征

传媒的工业化生产与传统意义上的传媒制作有一定的区别，其根本特征是标准化、程序化与规模化等，这大幅度提高了传媒再生活动的效率。更关键的是，传媒工业化生产方式进一步改变了传媒产品的成本构成，工厂的制作成本为信息采集成本让位，物质成本为智力成本让位，其核心生产力是信息内容与经营创意，为传媒产业提供了前所未有的发展空间。基于此，许多产业资本加盟传媒产业，推动了传媒工业化水平的持续提升，共同构建了良性的传媒投入产出机制。

---

① 尹章池.传媒产业概论［M］.武汉：武汉大学出版社，2017：2.

第二节 我国传媒的产业化发展

一、我国传媒产业化发展的内涵

我国由计划经济体制向市场经济体制转型的同时,国民经济的各行各业均有着产业化发展的趋势,也就是遵循经济发展的规律,争取实现产业环境、行为、机构等方面的完善与优化,从而推动产业的合理、高效发展。

在改革开放以前,我国的传媒产业基本上是按照事业机构的方式管理、经营的,基本特点是没有经济指标、经营责任,主要是按照上级指令进行产业宣传,诸多内容均由上级指导。该方式在革命战争年代形成,确保了传媒机构的工作条件与社会地位,便于政府对传媒的统一调度,使传媒机构能够按照国家的工作指示进行宣传与报道。其组织传播工具性质相对来说较强,为国家与社会的发展做出了巨大贡献。

传媒事业的发展推动了传媒产业逐渐扩大规模,提高了传媒产业的影响力,并且直接带动了相关产业的快速发展。相应地,传媒产业的发展使传媒业整体的数量不断增多,提高了工作效率,充分利用了相关的资源,带动了相关事业的快速发展。

二、我国传媒产业化发展的概况

我国传媒产业化的发展主要体现在两个方面:一方面是企业化管理,也就是用企业的方式管理传媒内部运作;另一方面是市场化运作,也就是在市场中获取资源,并且在市场中体现出效益。企业化管理与市场化运作是相辅相成、相互促进的,一些行为与措施是企业化与市场化的融合,如开展广告业务。

传媒机构企业化经营的关键内容是广告。1979年,《天津日报》率先恢复了商业性广告,同年,《文汇报》刊登了第一条外商广告。1983年,全国广播、报纸、电视与杂志的广告收入达到1.2亿元。此时,广告经营开始全面起步。

1984年,党的十二届三中全会通过了《关于经济体制改革的决定》。该文件指出,我国实行的是计划经济,即有计划的商品经济。自1985年开始,我国全面开展了经济体制的深入改革,且传媒产业的成本逐渐增长。同时,传媒机构的企业化程度明显得到提升,积极开展了一系列传媒业务之外的其他经营。

1992年,党的十四大明确提出了我国经济体制改革的目标是建立社会主义市场经济体制。中国报协提出了允许报社从事跨行业经营活动的建议。同年,政府为广播电视业提供大力的支持,大多数的广播电视台经营收入非常可观。

1993年,财政部颁布了《企业财务通则》与《企业会计准则》,报社和其他类型的企业开始执行这两项企业规章,渐渐出现了新闻传媒的联合、兼并,与外商合作等。

2002年,党的十六大明确提出了积极发展文化事业和文化产业。自此以后,我国积极推动了政治文明的建设工作,逐渐加强了民主、法治建设,着重提出了社会和谐、以人为本、与时俱进的思想观念,这些均为传媒产业的发展与革新注入了不竭动力。党中央提出的"三贴近"原则理念,也为我国新闻出版业的改革提供了指导思想。

三、我国传媒产业化发展产生的影响

(一)我国传媒产业化发展的效能影响

1. 促进体制与管理向科学化发展

我国传媒产业化发展需要传媒机构将自身市场主体的作用体现出来,独

立自主地运行,并以企业的方式运作,密切结合责任、权力、利益,着重加强市场营销与公共关系,尽可能有效推动社会效益与经济效益的全面提升。鉴于此,其实行了科学化的体制与管理方法,使管理更加企业化、法治化。

2.发挥市场机制的作用

从宏观角度来看,传媒产业化发展离不开完整、规范的市场体系,其中涉及传媒产品市场与生产要素市场,目的是有效满足产品销售与生产要素的供应需求。市场的竞争机制、价格机制、供求机制等,可以全面推动传媒产业结构与行为的优化,使产品流通更加顺畅、资源配置更加合理。从微观角度来看,传媒产业化发展在较大程度上突出了市场机制对传媒机构的积极作用。在事业型、行政化的管理模式下,传媒产业在经济方面实现了统收、统支、统管,市场对传媒机构与相关人员无法产生影响。传媒产业化的发展也使传媒机构的总体发展和相关人员的利益与社会效益、经济效益产生了直接关联,从而进一步受到了市场的调节与激励。

3.推动传媒结构尽可能满足公众的现实需求

产业化发展推动传媒机构尽可能争取受众,尽量同时赢得受众与广告这两个市场。因此,传媒机构需要考虑如何贴近社会、生活与受众,不断深入挖掘受众的需求,尽可能满足其现实需求,甚至包括一些受众自身尚未明确的需求等。

(二)我国传媒产业化发展的积极影响

我国传媒产业化发展所产生的以上三方面的效能影响,使传媒机构确立并强化了受众观念、营销意识与质量意识等,提高了传媒机构的经营与管理水平,促使其不断完善设施、设备并提高服务水平,以更好地满足实际宣传与引导、受众获知与娱乐、社会信息流通与文化传播等需要。

1.思想观念的积极影响

一方面,我国传媒产业化发展有效强化了受众观念及与其相应的质量意识与营销意识。传媒机构的各部门与各环节都在积极发挥自身的作用,不断寻找并尽力挖掘受众的需求，许多传媒机构除了时刻关注市场的具体反馈、总结、调整传播内容与具体形式外，还常常委托专业的调查机构调研掌握受众的动态，了解受众的个人喜好、要求与想法等。如此，将受众作为主体的思想，日益成为大多数传媒机构发展的指南，且媒介质量与营销水平得到了稳步提升。

另一方面，我国传媒产业化发展显著提升了传媒机构对传播规律与经济规律的重视程度，如许多新闻传媒开始加大了信息量，并着重提升了新闻的价值。新闻传媒的市场竞争也可以说是新闻价值的竞争，如果新闻传媒缺乏一定的新闻价值，则无法有效吸引广大受众的关注与重视，更无法谈及市场运作。

2. 传播内容、传播方式与技术水平的积极影响

（1）传播内容。一方面，其数量不断增加，如媒介的数量与版面信息的数量等都在不断增加。另一方面，其质量得到了提升，如传播的新闻性、针对性与可读性等方面得到了增强，且大大扩展了广度与深度。过去，一些重视程度不高的内容在当前占据了相当一部分比重，其中有经济信息、社会新闻、群众议论的焦点等。深度报道不单单是报纸所热衷的，甚至连电视节目也开始了转型，办起了具有深度的栏目。另外，舆论内容大幅度增加，通常此方面的内容容易被受众关注。一些报纸的发行量或者一些电视栏目的收视率之所以较高，关键在于其中的舆论监督性内容。相应地，舆论监督内容的增加又在一定程度上鼓励这些传媒，使其尽可能排除一系列的干扰，满足受众的喜好与需求。

（2）传播方式。我国传媒产业化发展使传播速度明显加快，且进一步加强了针对性。比如，报纸有了时间段的细分，分成了晨报、午报、晚报，且将读者进行了细致的划分，分成了不同年龄、性别、收入、爱好的群体；广播电视与网络媒体使新闻滚动周期大幅缩短，并且增加了直播的方式，提高了专门化的频道频率。我国传媒产业化发展使传播功能进一步提高，大大加强了互动性，市场竞争推动了新媒介、新栏目及新的传播形式的出现，如新闻报道中出现了深度报道、大特写、体验式报道等。此外，受众的建议与想

法被关注,加之多种多样的受众直接参与传播活动,使受众与传媒之间的联系逐渐变得双向互动,传播日益趋向于双向化。

(3)技术水平。我国的传媒产业渐渐成为采用先进技术设计较早,且与国际同步程度较高的一个行业。竞争在无形中使传媒尽可能不断提升速度与效率,这必然会采用较为先进的技术与手段。

3. 经营、管理与效益的积极影响

(1)经营。传媒机构结合资本的运作、产品的延伸以及价值链的打造等进行了积极的探索,融合形象策划与市场营销等多元化的方式,推动了传媒竞争从价格竞争层面逐渐转向了运作能力的竞争,从国内的竞争转向了国际的竞争。

(2)管理。传媒机构吸收、应用现代化企业所采用的科学化的管理方式与管理制度,明确并提升了管理人员的责任、权力、利益,以及相互之间的结合程度,建立了完善的竞争制度、淘汰制度等,应用了员工聘用制度、干部聘任制度、经济责任制度等。诸多传媒机构纷纷采取了集团化整合与战略化管理措施,有效提高了经营管理水平。

(3)效益。随着产业化发展进程的加快,我国传媒机构的整体效益相应提高。1983年,我国报纸、杂志、电视、广播四大新闻媒体的广告总收入达到了1.2亿元,到了1990年,收入已经达到了14.1亿元,2003年,收入则达到了548亿元,很多新闻单位的办公大楼成为具有标志性的建筑。

(三)我国传媒产业化发展带来大众化

我国传媒产业化发展在潜移默化中促进了大众化发展,其中有传媒的大众化与社会文化的大众化。从世界范围上来看,最初的报刊、电视、广播等传媒主要面向的是少数人。产业化发展传媒在传播对象范围之内,尽可能多地吸引受众,从而不断扩大发行与增加广告收入,有力推动了传媒售价的降低,使其逐渐走向了大众,尽可能多地为大众使用,且在内容与形式方面尽可能符合大众的实际需求。

因传媒的影响较为广泛,所以其本身的大众化能够形成影响力较为广泛的而且具有共享性的大众文化。大众文化有着快速、浅显、通俗等特点，其优势是易被大众接受、娱乐性较强等。大众文化的积极方面是使社会中每一个人都能接触文化，逐渐将文化作品由少数人为少数人而制作转变成规模庞大的制作队伍为大众制作，以最大限度地满足大众的文化需求。

第三节 传统媒体、新媒体、新兴媒体与融媒体

一、传统媒体的概念

传统媒体是一种相较于网络媒体而存在的，通过传统的大众传播的形式，也就是以某种载体向社会公众定期发布信息或者提供交流活动与教育娱乐的媒体形式，基本上主要采取点对多的传播形式。

一般情况下，传统媒体指的是报刊、电视、广播，大致与"大众传播媒体"是相同的。19世纪末20世纪初，大众报刊取得了强势发展，开启了大众传播的时代。之后，广播、电视等相关的媒介承载形式使大众传媒领域逐渐拓展，大大扩大了信息传播的范围，提高了信息传播的效果。随着互联网的出现与普及，网络传播媒介因自身传播信息量较大、传播速度较快、传播符号多元化等诸多优势，在较大程度上冲击了大众传播媒介，使业界与学界日益提高了对"新媒体"的关注程度。

二、新媒体的概念

新媒体是与传统媒体相对的。"新媒体"最早是联合国新闻委员会在1998年5月提出的，当时主要指的是互联网，被普遍认为是继报刊、电视、广播这几大传统媒体之后的主要大众传播媒体。[1] 就目前而言，学界尚未对

---

[1] 陈少华，张燚. 新媒体与传统媒体[M]. 成都：电子科技大学出版社，2015：1.

新媒体形成统一的定义，诸多的专家、学者以及媒介组织等均在不同层面与角度上界定了新媒体。

联合国教科文组织提出了新媒体即网络媒体的说法，而国内有学者认为广义的新媒体指的是近半个世纪以来，陆陆续续涌现出的传真、录像、有线电视等一系列的传播新技术，而狭义的新媒体指的是继报刊、电视、广播媒体之后，出现的第四媒体互联网与第五媒体手机。另外，也有学者认为可将新媒体视为"数字化互动式新媒体"的简称。数字化体现了其技术方面的特点，互动式体现了传播方面的特征，两者之间相辅相成，缺一不可。

但值得肯定的是，新媒体将网络、移动手机甚至是广受青少年喜欢的游戏等融合了起来。从新闻层面上来看，新媒体主要是跳出了传统采编的"非结构化"内容，进入了人们的视野与生活之中，且以连续的人际互动与无所不在的信息来源等内容全面构建了新的模式。

在迈入新媒体时代后，传统媒体的受众演化成了媒体用户，数字化与互动性的特征彻底改变了传统媒体的"线性传播"特性，使其通过"非线性传播"的方式，全然颠覆了人们在大众传播时代下被动接受信息的角色。基于现代化互联网技术的迅速普及与发展，且随时随地可接入网络的低成本与便捷性，新媒体能够完全改变过去信息传递过程中存在的时间与空间限制，具有十分明显的即时性与快捷性特点。面对海量的开放化与共享化的信息，用户可以结合自身的需求迅速、快捷地找到有关信息内容，不受距离因素的影响与干扰。在网络的掩护之下，新媒体可以使用户自主隐藏个人角色与形象，每一个人都可以在网络空间中有自身的虚拟属性，与现实生活具有较大的差异，人们仅仅依靠着一个 ID 账号或者一个 IP 地址就可以代表自我。

本质上，新媒体属于一个相对的概念，所谓的"新"是相对而言的，当一种新出现的信息载体能够达到一定数量的受众时，则可以被称为"新媒体"。随着互联网技术进入人们的视野，标志着新媒体时代已经到来，报刊、电视与广播引领的大众传播时代已经发生了显著的变化，逐渐被新的传播方式所取代。但是，与传统媒体相比较来说，新媒体处于一个不断改变、演化的过程，是基于网络时代下的延伸。

大数据、移动互联网、社交媒体是全球新媒体的主要发展动向，并且已经逐渐形成了新的媒体产业，主要以互联网、有线网络、电信网等数字化时代的网络技术为主，并且其自身具有互动、实时、自由的点对点传播模式特征。继新媒体之后，一些更加多样、新鲜的智能媒体被人们重视，如在新闻报道或者体感游戏中应用了 VR 技术，在围棋界中应用了代表人工智能技术成果的阿尔法围棋（Alpha Go），这都可以看出"智能媒体"时代已经到来。

三、新兴媒体的概念

现代化信息技术是各类新兴媒体基本的技术保障，而各类新兴媒体产生的社会基础是用户的多元化与个性化的信息需求。当前，各类新兴媒体对人们的生活方式造成了一定的影响，用户由过去被动接受媒体内容转变为当前的可自主进行传播，从而出现了各类社会化媒体。

（一）动态化理解媒体

新兴媒体对于传统媒体的形式、内容与类型等造成了较大影响，使其能够有效实现点对点的个性化传播。结合计算机的信息处理技术将内容进行数字化转型，通过现代化互联网、无线通信网、卫星等数字化途径，以及手机、电脑等数字终端，为广大用户提供信息与娱乐服务的传播形态，即新兴媒体。

从媒体发展本身来看，新兴媒体是能够同时为大众提供个性化内容的媒体形式，是有机融合传播者与接受者，使其转变成为平等的交流者，诸多的交流者可以同时进行个性化的交流。从宏观视角上来看，全球新兴媒体基本上围绕着以下几个关键点不断实现突破。

1. 媒体系统工程的演变

各类新兴媒体已经在人类社会生活中广泛应用，从"互联网+"到"+互联网""万物互联"，再到"万物智能"，人工智能、VR 等将会为人们将来的生活带来巨大改变。

"互联网+"关键在于用互联网技术对接配置，推动传统模式的更新迭代,甚至将一些现有的或者传统的模式取代,有较大的机会对传统行业进行重构。"+互联网"更多的是从传统行业发展的视角,探索、思考怎样巧妙应用互联网技术对现有的要素与内容进行完善、优化,使其具备一个系统的、有序的增效过程。

当前,人们由"万物互联"时代走向了"万物智能"的演变之中,如何借助技术或者感知场景,让用户的连接服务更加智能化,是将来的媒体发展中一项比较系统化的工程。

人工智能的发展改变了人们的现实生活,其涵盖了语音、图像处理以及大数据等多个方面,且具备更多的感官系统的大数据分析技术与处理技术。越来越多的服务型机器人产品被人们接受,走进了人们的日常工作与生活中,这渐渐突破了机器与人之间的智力界限。

2. 智能云成为传媒企业走向国际化的渠道

新兴媒体的发展已经步入大数据时代,在此背景下,智能云渐渐成为各类传媒企业走向国际化的重要渠道。现在许多的传媒企业把企业生产资料管理、交易、查询等有关的数据存储于云端设备上,有效降低了传媒企业的信息技术(Information Technology,IT)资源的投入,使传媒企业能够将注意力集中于主业与核心竞争力上。可以说,这是我国乃至全球的发展趋势,尤其适合一些创新型的中小传媒企业。

3. 移动互联网转变新兴媒体发展态势

在报刊、电视、广播等传统媒体与移动互联网的互动融合中,人们本身的视听与阅读体验等在不同程度上受到了具体媒介形式的影响。移动终端本身具备数字化的特征,其便于人们携带,此方式有着网络媒体信息获取快、传播快、更新快以及交互性强等诸多特点。视频的受众与传播机构之间的互动性往往有着更加灵活的特点,受众在观看节目的时候,可以结合文字、图片、声音等诸多方式,随时随地与传播机构进行互动与交流。随着现代科技的迅速发展,移动互联网用户的摄像传播、拍照等相关功能转变了受众的身份,使其成为信息的提供者,全民参与的新兴媒体形式层出不穷。以广播为例，基于移动互联网背景的广播更加具备多媒体特征，使多向互动有了更多的可能性。受众可以通过在线收听、微博、微信等多元化方式，随时参与节目讨论活动。与传统化的广播节目有所不同的是，移动互联网下的受众更加倾向于自主化与个性化的节目。

（二）新兴媒体的内容产品

1. 搜索引擎内容

用户可通过搜索引擎获取信息，这是一种较为便捷的方式，所以搜索引擎同样具备比较强的媒体属性。用户通过搜索引擎输入关键词，提供了关键信息，搜索引擎则可以帮助用户在海量的信息中搜索丰富的信息内容，并且可以结合信息的排列顺序在一定程度上支持用户获取信息。当用户所输入的关键词属于新闻信息的时候，那么搜索引擎会成为一个"全媒体"，论坛、微博、微信等则会成为信息的出处，而且会包括文字、图片、声音、视频等多种信息类型。

2. 知识付费产品

知识付费产品涉及付费订阅、付费听语音、付费看问答等，这是有着较强的商业价值的新兴媒体内容产品。

3. 网络音频产品

此类产品中，一些是通过互联网等新媒体渠道播出的传统电视节目，还有一些是制作公司专门定制，且只在网络媒体渠道播出的节目。另外，有一类视频网站的内容大多是用户自制，其中的"弹幕"形式独具特色，可以有效强化视频网站的社交属性。

4. 网络游戏产品

网络游戏是电子游戏产品与现代互联网相互结合的一种新型的娱乐内容，又可将其称为"网游"。中国互联网络信息中心对网络游戏做出了精准定位，认为这是以电脑为客户端、互联网络为数据传输的介质，通过TCP/IP协议有效实现了多用户能够在同一时间内参与的游戏产品。网络游戏不单单是一种娱乐性的内容产品，网络游戏产业还是传媒产业领域中的重要支柱。网络游戏主要可以分为单机游戏与多人在线互动游戏，其中，多人在线互动游戏更多强调了玩家之间的良好协作能力与互动性。将网络游戏作为基础而开发的网络游戏的衍生产品，如人偶玩具、影视剧、服装等，也都可以在较大程度上拓展新兴媒体内容产品业务范围。

四、融媒体的概念

目前，有关媒体融合方面不断涌现了诸多探索性的研究，虽然未能形成明确的思路，但从整体上来看有两个趋势可以着重观察与思考。一方面，传统媒体已经渐渐跨越了个人计算机（Personal Computer, PC）互联网，选择在移动媒体中融合。但就当前来看，融媒体的思路通常具有较强的局限性，往往限制在新闻内容方面，未能深入综艺、影视剧等娱乐内容中。具体而言，过去是以报刊、广播、电视载体等发布有关内容，而目前则是通过移动应用（APP）、微信公众号等呈现有关内容，以内容找渠道的方式不断向各类新兴媒体融合，甚至实现了"内容+电商"这一媒体的延伸。另一方面，智能手机终端上的各种类型的社会化媒体，纷纷基于传统媒体内容进行了创新，推出了与新闻、综艺以及影视剧等有关的内容，从内容到受众的渠道逐渐做出了转变，变成了通过传统媒体获取内容资源，成为"电商+内容"的更加精准化的推送型媒体。

显而易见，融媒体并非简单地从传统媒体转向新媒体，也并非移动媒体单一地取代或者颠覆传统媒体，而是两者之间相互融合、相向而行，当前阶段媒体发展的必由之路即融媒体。传统媒体的融合不应受"新闻融合"的限制，而是应给予"社交+"这一移动互联网随时随地进行信息传播与交流的特质，更进一步地将娱乐、综艺等相关的内容进行全方位有效融合，与运营商取得合作关系，从而获得新的传播渠道，并适当借助第三方平台的影响力与感染力，全面获取媒体用户资源，甚至可以实现产业 IP 的拓展，与有关的传媒产业相互结合，将线上传播、线下实体经营及媒体内容生产等相互融合。这是一种立体化的、全方位的融合创新与引导服务的媒体融合。

从根本上看，融媒体是在技术趋势下将不同媒体特征与功能进行相互融合，同时是全球媒体的相融，由此引发了各媒体利益集团之间实现了资源的深度融合，其中涉及经济与文化资源方面的全面融合，即技术与市场是媒体融合的内在动力，更是媒体创新中的本质需求，但均无法离开媒体受众的推动作用。[①] 换言之，融媒体汇聚的主要是受众，特别是年轻的受众群体在较大程度上影响着融媒体未来的发展。

　　综观我国当下的融媒体建设，主要可分为两类：一类是传统媒体＋新媒体，此类型可以说是媒体的被动融合；另一类是一些科技平台公司主动向传统媒体的新闻、动漫、影视剧等内容生产及信息发布渗透，主要可以将资本资源、技术力量以及市场拓展等视为主要驱动力量，可以持续为受众推出随时随地可触的媒体。

---

① 王宏．融媒体实务［M］．北京：中国传媒大学出版社，2020：33.

第二章 传媒产业的基本结构特点

第一节 传媒产业的价值链结构

一、价值链的基础概念与价值活动

（一）价值链的基础概念

价值链指的是企业在为客户等利益群体创造价值时，其所进行的相关经济活动的统称。从价值链的相关分析可知，对于客户来说，价值的概念是产品本身所具备的使用价值，但对于企业来说，价值的概念指的是产品可以为企业带来销售收入的基本特性。企业自身需要生存与发展，因此必须为股东、客户以及职员等利益团体积极创造有利的价值。企业的价值创造过程主要分为设计、生产、营销与贸易，还有一些具备辅助性作用的各不相同且相互之间具有关联的经济活动，可以将其称为"增值作业"，综合构成了企业的价值链。[1] 在经济活动中，价值链可以说是无处不在的，上下游关联企业

---

[1] 喻国明，张小争. 传媒竞争力：产业价值链案例与模式 [M]. 北京：华夏出版社，2005：28.

间具有行业价值链，企业内部的各个业务单元之间的关联共同构成了企业价值链，企业内部各个业务单元的内部同样具备价值链的关联（见图2-1）。

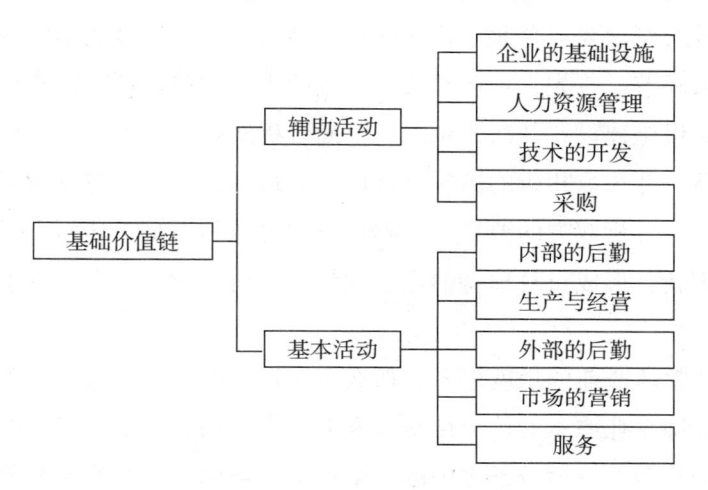

```
                              ┌── 企业的基础设施
                  ┌── 辅助活动 ├── 人力资源管理
                  │           ├── 技术的开发
                  │           └── 采购
    基础价值链 ───┤
                  │           ┌── 内部的后勤
                  │           ├── 生产与经营
                  └── 基本活动 ├── 外部的后勤
                              ├── 市场的营销
                              └── 服务
```

图 2-1　基础价值链

（二）价值活动解析

辅助价值活动与基本价值活动共同奠定了企业发展基础。企业作为众多价值活动的有机组合，涵盖产品生产、销售以及财务、人力资源等多方面。[①] 例如，产品生产可以视为价值链的核心环节，其质量与创新直接影响企业的竞争力；销售活动是价值实现的关键，其能够拓展市场、提升品牌影响力；财务与人力资源管理则可以为企业运行提供保障与动力。更为关键的是，无论是企业内部的辅助价值活动还是基本价值活动，均可以创造出特定的价值，且所创造的价值之间相互关联，共同构成了创造企业价值的动态化的过程，即价值链。

虽然基本价值活动是价值链的核心组成部分，直接决定着企业产品或服务的价值创造，但辅助性活动的作用同样不容忽视。例如，原料采购确保了企业生产的物质基础；人力资源管理为企业提供了关键的智力支持；技术开

---

① 喻国明，张小争. 传媒竞争力：产业价值链案例与模式［M］. 北京：华夏出版社，2005：29.

发推动着企业不断创新与进步；企业的基础设施，包括企业管理、会计和律师事务等功能，则为整个价值链的稳定运行提供了坚实的保障。

价值链的概念要求企业从整体战略的高度出发，从总成本的视角综合考虑各个价值环节。首先，企业要关注直接的生产和销售环节，并重视辅助性活动和基础设施建设；其次，企业要全面分析实际经营效果，发现价值链中的薄弱环节，并采取相应的措施进行优化；最后，企业要与竞争对手的价值链进行对比，分析双方的差异，了解自身的优势和不足，从而有针对性地进行改进和创新，形成自身独特的竞争优势，从而在激烈的市场竞争中立于不败之地。

如果从整体产业的角度思考，那么企业自身的价值链被蕴含于更大的活动群之中，即企业原本的价值链是联系上游供应商、中游生产商以及下游分销商的较为复杂的价值链条之中的一个环节，被称为价值系统。该价值系统通常由不同的企业构成其中每一个环节，价值则是在上游环节逐渐向下游环节游动，并且持续促使附加值增加，最终，流动至系统的外部，流向用户的方向。

当一个企业集团涵盖整个价值系统的各环节时，许多环节得以缩减，系统呈现出扁平化、简单化的特征，从而能够在较大程度上降低成本。当供应商、生产商、渠道商隶属于同一企业集团时，由于共同的公司总部存在，所以不同的价值链之间可以实现价值活动的共享。当共享某一项价值活动能够有效提升该活动的生产能力时，可将其视为一种超越产业界限、充分利用生产能力的途径。例如，一个纵向整合且涵盖供应商价值链的企业集团价值系统，在管理和交易环节对价值活动进行共享，能够使商品价值链上的流量通过管理实现有效协调，更好地利用价值链生产与分配中涉及的设备和人员，提高生产效率，降低成本。价值链中的现金流动更加可靠、平稳，这也是其在降低成本方面的优势体现。此外，价值链还能保证企业集团产品或服务有效实现差异化，通过价值系统内部复杂的共享价值活动，形成独特的内部价值流动结构，使竞争对手难以模仿本企业的差异化服务。因此，在实际商业运作中，企业应充分认识到价值链的重要性，积极整合资源，实现价值活动共享，优化内部价值流动结构，提高生产效率，降低成本，实现产品或服务的差异化，从而在激烈的市场竞争中脱颖而出。企业还可以通过加强内部管理、优化供应链、提升技术创新能力等方式，不断完善价值系统，提升企业的核心竞争力。

二、传媒产业价值链的基本理论

与普通产业不同的是，传媒产业由众多传媒个体组成，通过采集、加工与输出等形式，为受众及特定传媒消费者提供服务。其特殊性在于所传送的商品为"信息产品"，但与普通产品一样处于价值流动链条之中，且该链条呈现出系统内部的价值共享结构。因此，深入分析传媒产业价值链各个环节的复杂价值流动结构，有助于人们从一般到特殊的角度理解传媒产业；准确把握价值流动，能使人们明晰传媒信息产品在创造、传播和消费过程中的价值传递路径；通过了解价值共享结构，人们可以洞察传媒产业内部各主体之间的协作与互动关系。

在经济领域中，任何组织都可视为以技术为核心，由一系列相关基本行为构成，旨在提供满足消费者需求的资源组合体。这主要涵盖三方面内容：其一，产业价值链是对相关资源的相互组合，这种组合并非随机，而是围绕核心价值或核心技术进行优化提升。其二，核心价值或技术如同组织的灵魂，指引着资源的整合方向，它促使资源在特定领域发挥的效用最大化，推动产业价值链不断进化。其三，产业价值链的优化程度取决于其实现资源价值的程度，一个优化的产业价值链应具备合理的资源配置、高效的协同机制及对市场需求的敏锐洞察力，从而在激烈的市场竞争中实现可持续发展，为消费者提供更优质的产品或服务，同时为组织创造更大的经济价值和社会价值。

媒介信息产品的生产、加工与传播等各个相关步骤是传媒产业价值链中的一部分。换句话说，随着产业链的价值传递，也就是随着价值链的运作发展，这使价值链中的各环节之间形成了相互合作的关系，并且相互之间达成了协调发展，可以在较大程度上提高资源的利用率以及企业的效益输出能力，从而打造健康有效的商业模式与合作模式。

三、传媒产业价值链的基本结构与特征

媒介市场包括媒介平台、网络平台、广告客户与广告公司等，以及各个平台的消费者，即受众。

在所有的环节中，媒介平台是至关重要的一环。因为无论是实现意识形态属性，还是实现产业属性，都由播出的平台来实现。在此环节中，媒介平台的主要作用与职能是搜集受众的注意力，并且必须获得播出许可。

网络平台又被称为"发行网络"。现阶段，多数网络平台被与电视台紧密相关的有线网络所掌控。随着国家广电总局提出进一步的发展规划，家庭可直接接收的无线网络与卫星网络得以全面应用。依托信息产业发展的大背景，IT类、电信类等产业逐渐介入媒介产业。例如，网络电视、无线视频等其他信息类产业凭借自身的有线网络与无线网络，介入媒介产业的网络平台环节，并与上下游各环节展开了合作。相对而言，网络播出许可证较易获取，目前手机播出暂无牌照限定。在新媒体时代，VR技术与网络平台的融合也逐渐成为趋势。借助网络平台的广泛传播性，VR技术的内容能够更便捷地触达用户，为用户带来全新的沉浸式体验，同时能够为网络平台的发展注入新的活力与创新元素。

从电视媒体的角度看，其主要依靠影视制作公司和节目发行公司进行内容生产与销售，设备提供商则承担电视机及电视网络硬件的生产任务。当前，内容提供商与播出平台未完全分离，电视剧、体育、娱乐等节目市场较为成熟，基本能独立于电视台运作。随着技术的发展，VR技术可与电视媒体深度融合。一方面，这可以为内容制作提供全新视角和表现形式，增强观众的沉浸感；另一方面，这可以拓展播出平台的功能，增强观众的体验，推动电视媒体在新的技术环境下不断创新发展，提升竞争力。

电视台的主要收入来源于广告公司与广告客户，这关乎电视台的经济命脉与运营状况。在激烈的媒体市场竞争下，广告资源已变为买方市场，广告经营的重要性日益凸显。企业推广和销售应成为伴随客户成长的关键因素，

切实实现了客户市场份额增加与明确的投资回报。当前，电视台广告经营正逐步朝着全方位服务与行业研究的方向发展。

在产业价值链体系中，受众占据顶端位置，虽易受价值链各环节影响，却无法与任一环节直接接触。鉴于受众的内在消费者属性，产业价值链的每一个环节都需竭力与受众建立紧密关联。数字电视系统平台所有者大力发展受众数据库，旨在直接掌控受众资源，将其作为独特的增值要点。从学术角度看，对受众行为和需求的深入研究至关重要。通过数据分析和市场调研，了解受众喜好和消费习惯，有助于各环节更好地满足受众的需求，提升产业价值。

在传统电视有线网络技术背景下，产业链中的价值主要靠广告支付实现。进入数字电视时代，价值流直达终端。此时，网络成本由受众支付的视听费、内容或服务提供商的分成共同分摊。从学术角度看，这一转变体现了电视产业商业模式的演进，强调了受众在价值创造中的重要性，同时能够促使内容或服务提供商不断提升质量，以满足市场用户需求。

四、传媒产业价值链的基本发展特点

（一）垂直联合

垂直联合发展可以有效将内容与传播渠道相互结合起来，假如一家公司可以对这两大关键要素进行有效控制，那么其不仅可以加大自身内容的宣传工作力度，还能够对用户接触对手的内容进行适当控制。[1]

（二）注重核心价值

版权作品的核心价值在于其能迎合大众喜好。只有具备这样的特性，才能实现产业价值链的开发。

---

[1] 喻国明，张小争.传媒竞争力：产业价值链案例与模式[M].北京：华夏出版社，2005：59.

（三）产业日益集中

当今的市场竞争越发激烈，这使各个影视集团同时在经营一部分性质不同、运作模式层次不同的产品，如音像制品、广播影视、印刷传媒等。

（四）注重创新

在信息化时代发展日新月异，电影、电视剧等诸多作品琳琅满目，广大消费者的喜好呈现出变化多样的特点的背景下，创新成为影视行业的生存法则。基于此，从影视企业的发展来看，持续创新与抢得先机是尤为关键的，如果想要在竞争激烈的市场中脱颖而出，则需要不断开发新的产品。因此，影视企业需时刻立于时代浪潮之巅，超越同行并适时调整。只有这样，才能建立高价值且令竞争对手难以仿制的品牌资产。这要求企业不断创新，紧跟时代发展，以独特的内容和优质的服务塑造品牌，在激烈的市场竞争中脱颖而出，实现可持续发展。

五、我国传媒产业价值链的基础构成

由于受社会生产力发展的影响，传媒产业的分工持续深化、细化。传统传媒产业将一个企业作为主导的模式已经无法跟上社会经济的发展水平。传媒产业内部呈现出众多企业分工合作的价值活动，看似独立的企业实则紧密关联、相互依存、环环相扣，共同组成一条上下游环节清晰的"链条"。链上企业相互促进，共同创造价值。这种产业结构有利于资源优化配置和效率提升。各企业专注于自身优势领域，通过协同合作实现价值最大化，推动传媒产业不断发展和创新。

（一）报纸产业价值链的构成部分

任何一种媒介的产业价值链都是以提供信息商品为主要内容的价值增值链。对于报纸产业而言，提供信息无疑是首要任务。报纸产业价值链的各个环节要实现价值增值，必须围绕信息展开深入研究，即通过对信息进行筛选、分类、整合等加工流程，最终将信息产品传递给广大受众。

我国报纸产业经历了从无到有、从小到大的发展历程。最初的报纸产业价值链是"传统产业链",后来逐渐演变为"立体产业链"。从我国报纸行业整体来看,在未形成一定规模产业之前,传统报纸产业自身的价值链包括内容生产方、渠道销售方、获取受众等环节,结构相对简单。内容生产方主要有提供信息源的通讯员、记者,以及负责生产、制作信息的编辑与美工等。记者通过采访为报纸编辑部提供新闻稿件,编辑部对原始新闻稿件进行编辑、整理、加工、排版等处理后,送至印刷部门照排制版并印刷,最后通过邮局发送。

如今,在社会经济水平不断提高的时代背景下,我国的报纸产业已经渐渐迈进了报业集团的组建与集团化运作时代。部分报业集团高度重视打造内部产业价值链,将整个报业集团的产业价值链视为"母环",旗下的单个报纸则为"母环"上的单元构成。这种做法注重打造单个报纸内部的价值链,以"母环"上的多个相对简单的"子环"价值链形式呈现。"子环"与"母环"在运行和构建原理上有相似之处,均以采编、发行、广告为切入点,推动内部资源的优化配置。在此过程中,"子环"不断进行价值创造活动,为"母环"价值链的价值创造助力。其一,复杂的价值链结构意味着更多的价值创造环节和机会,能够充分挖掘不同环节的潜力,提高整体价值产出。例如,采编环节的精心策划和深入挖掘,能够为读者提供高质量的内容,吸引读者关注;发行环节的高效运作能够确保报纸及时、广泛地触达受众;广告环节的精准营销则能够为报纸带来可观的经济收入。各个环节相互配合,共同推动报纸产业的发展。其二,随着"子环"价值链的不断发展和完善,报业集团可以在更广阔的领域进行资源整合和业务拓展。例如,报业集团可以利用不同报纸的特色和优势,开展跨媒体合作、多元化经营,涉足数字媒体、文化产业等领域,实现资源的优化配置和价值最大化。其三,复杂的价值链结构为报业集团提供了更多的创新空间,鼓励其在内容形式、传播渠道、商业模式等方面进行大胆尝试和创新,以适应不断变化的市场需求。其四,通过"母环"与"子环"的协同运作,报业集团可以更好地协调内部资源,提高运营效率。各个报纸之间可以共享采编资源、发行渠道和广告客户,降低成本,提高效益。其五,报业集团可以对内部价值链进行统一规划和管理，优化业务流程，提高决策的科学性和实效性。这不仅能够提升报业集团的整体竞争力，还能在较大程度上实现社会效益与经济效益的统一。

新媒体的强势崛起在很大程度上冲击了传统媒体，为了跟上信息时代的发展步伐，报纸产业应对原有的产业价值链进行深层次的挖掘，开发报纸产业立体产业价值链。而立体产业价值链仍然将内容生产作为核心，并以此为基础尽可能多地开发微产业链，其中有渠道链、品牌链等。

（二）图书出版产业价值链的构成部分

图书出版与报纸发行相似，也可被视为意识形态功能至上的行业，是一种舆论宣传和知识传播的重要工具。

图书出版产业价值链可分为广义与狭义两个层面。狭义层面指传统纸质图书出版产业价值链，而广义层面内涵更为丰富，涵盖传统纸质图书以及网络、电子等出版产业价值链。从计划经济时期到当前电子科技迅猛发展的时期，出版产业价值链的建设与成长主要围绕出版、印刷、发行各环节展开。出版产业价值链的基础环节可定义为由出版、印刷、发行，以及具有连续追加价值关系的出版关联企业组成的企业联盟。图书出版产业价值链的显著特征是企业战略联盟关系，各类出版关联企业因具有连续追加价值关系而加入联盟，而以企业联盟形式构成的出版产业价值链主体具有鲜明的独立性。各个环节的出版关联企业相对独立，虽分布于出版产业价值链上下游，但它们之间是独立于市场主体的战略联盟关系，与同一出版企业的纵向一体化经营模式有明显区别。各环节的独立性使不同企业能够专注于自身擅长的领域，发挥专业优势。出版企业可以集中精力进行内容策划和编辑加工，确保图书的质量和文化价值。印刷企业则致力于提高印刷技术和生产效率，保证图书的制作水平。发行企业专注于市场拓展和销售渠道建设，提高图书的流通效率。这种分工合作有利于提高整个产业价值链的效率和效益。不同企业在各自环节上相互竞争，能够推动技术进步和服务质量提升。同时，企业之间的合作也为创新提供了机会。例如，出版企业与数字出版平台合作，推出数字图书，拓展市场渠道；发行企业与物流企业合作，优化图书配送服务，提高客户满意度。为了实现出版产业价值链的增值，经营者通常以加强产业价值链上游位置的发行环节为重点，在持续打造好传统发行渠道的基础之上，积极地在网络发行平台上实现产业价值链的延伸。

出版、印刷、发行三大基本环节依据自身目标任务确定在产业链中的位置，尽管这三个环节相互联动、相互制约，但整体上价值增值能力和盈利水平差异显著。图书出版产业价值链可视为典型的资源导向型产业链，关键的内容资源由出版环节的企业掌控。印刷和发行环节的价值创造活动在很大程度上受出版环节调控，处于被动从属地位。

（三）电视产业价值链的构成部分

根据世界传媒产业的发展情况可知，电视产业是信息时代的产物。在生存环境发生转变的情况下，电视产业价值链的基本构成与构建环节等均发生了较大的转变。

本质上，一个比较完整的电视产业价值链包括诸多的内容，其中有产品的创意设计、生产制作以及广告投放等一系列的关联环节，且关联环节之间可以有效实现价值增值。在当前新的经济条件之下，电视产业发展迅速，已经进入了转型的重要阶段，因此可以将电视产业价值链更加精准地理解成是围绕着电视节目的生产，主要发布渠道是电视、报纸、广播等，商业价值运作体系是将策划、制作、发行与非相关产业开发为工业流水线。

电视产业价值链的相关研究表明，其总体结构架构及内在运动规律呈现出显著特征，除各环节上下游的有机联动与融合外，其还需以节目产品为核心，不断沿横向与纵向延伸拓展。横向延伸可加强与不同领域的合作，丰富节目类型与内容；纵向拓展则能深入挖掘产业链各环节潜力，提升价值创造能力。

随着传媒产业化经营的持续发展，电视产业的不断分化和整合已经成为当今时代的必然趋势。结合电视产业价值链进行深入分化，可以为电视产业价值链环节的构建打造更多具有专业化特点的服务公司，如近年来逐渐兴起的独立媒体监测单位与独立调研单位等。相关单位作为数据服务商，可以为广大媒体与广告公司提供较为全面、及时的信息，进而利于其结合市场的实际需求对经营策略进行及时调控，实现效益最大化，进一步有效促进电视产业市场化运作的良性循环。深入、广泛的整合主要在营销领域中有所表现，即能够把产品的开发设计、销售方式、定价，甚至是广告策划接触点的管理等方面，综合打造成一个整合营销的传播系统。

（四）网络产业价值链的构成部分

近年来，网络产业呈现出整体形势良好、发展速度较快的态势，主要原因有两方面：一是我国国民经济的良好发展有力推动了互联网经济的快速增长；二是我国互联网发展政策具有一贯的稳定性。

2010年，国务院决定加快推进电信网、广播电视网与互联网"三网融合"。"三网融合"是互联网技术持续发展演变的必然结果，也是我国网络产业的整体发展趋势。计算机网络专业人员用"下一代网络"表示"三网融合"下的新网络。网络产业价值链本质上是在"三网融合"的模式下对传统网络产业链中的价值环节进行重新组合。新组合的产业价值链既包含传统产业价值链的整合环节，又具备新加入的更多细化环节。"三网融合"能够统一电信、电视与数据业务，所以可将其视为一个融合有线与无线的网络构架。从"三网融合"的功能来看，其主要分为以下几个层面（见图2-2）。

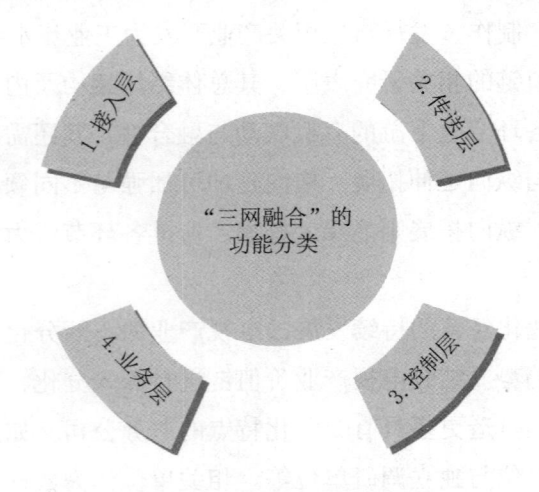

图2-2 "三网融合"的功能分类

在网络产业中，接入层、传送层、控制层和业务层共同构建了丰富的业务体系。

第二节 传媒产业的供应链结构

一、供应链的基础概念

供应链的概念最初是通过供应链管理的方式出现的。供应链管理具体指的是对整个供应链系统的协调、控制与优化过程，关键目的是在正确的时间，按照正确的数量、质量、状态，将客户所需要的正确产品送至正确的地点，并且实现成本的最佳效果。结合供应链管理的基本定义可知，供应链是以完成采购原料到制成中间产品与最终产品，再向用户交付最终产品的上游与下游企业所形成的网络结构。一个供应链可以作为一系列过程，其中的一个过程可以补给另一个过程。较为简单的供应链是诸多的单向过程，可以大大降低成本。

二、供应链的基础特征

供应链涉及企业为客户提供的其最终需要的一系列产品与服务流程、行为等，任何一名企业成员均可以积极参与供应链中。客户与供应商在供应链中处于一个相对的概念，一个企业中的客户可能是另外一个企业的供应商，所以整体的供应链主要由客户与供应商构成。分销系统可以提供从供应商到客户的多元化渠道，主要依赖两个因素，即产品与市场，且分销系统中包含了批发商、零售商等各类分销商。在供应链中，产品与服务基本上是由供应商流向客户，但是各种各样的需求信息往往是由客户流向供应商。

实际上，供应链是复杂的、网状的，而并非链状的，所谓的供应链是一个供应与需求的网络。从理论上来看，在供应与需求的网络中，企业可以有许多的客户或者供应商。在人类生产活动中，供应链是一种客观的存在，而过去客观存在的供应链系统基本上都是处于自发的、松散的运行状态，其中各个企业分别以自身为主而经营，未能形成共同的目标。随着21世纪的到来，经济全球化与市场竞争全球化发展逐步加深，自发供应链自身的一些劣势逐渐显现，企业应积极探索行之有效的方式，这样才可以在当前的形势下继续生存与发展。所以，在面对供应链这一复杂的系统时，人们需要对其进行有效协调与管理，争取达成良好的绩效，进而从整体化的角度降低产品的成本。如今，供应链对于所在企业所处的产业的审视渐渐被人们关注，甚至任何产业都可以从宏观角度以供应链为着眼点把握全局，这样才能进行供应链的有效经营与管理工作。

三、供应链的基本流程

一般而言，供应链包括以下几个流程（见图2-3），各个流程的功能各有差异，且流通的方向也各有不同。

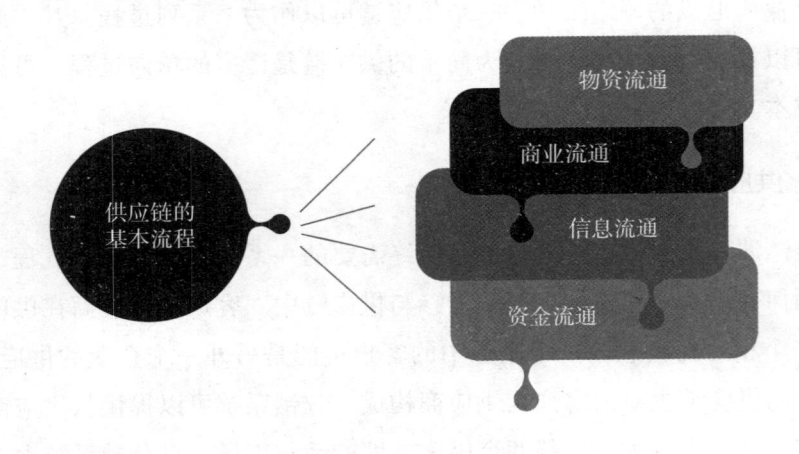

图2-3 供应链的基本流程

（一）物资流通

物资流通的核心是商品的传递，此过程贯穿供应链的各环节，包括货物从供货商到消费者的多层级传递。供货商先将原材料送至生产厂家进行加工制造，生产厂家再将加工制造完成的产品通过批发和物流环节进行大规模分配，之后由批发商进一步送至零售商手中，最终由零售商直接面向消费者出售。在该复杂的链条中，每一个环节都不可或缺，共同作用促使商品成功到达消费者手中，实现其经济价值。各环节的紧密衔接和高效协作，使物资能迅速流通，令广大消费者可以按照需求及时获取所需商品。

（二）商业流通

商业流通主要指的是买卖的整个流通过程，包括接受订单、签署合同等一系列商业操作流程，主要发生在供应商和消费者之间，产生了双向互动。目前，商业流通的形式变得越发多样化，除了传统的店铺销售、上门推销和邮购方式外，还涌现了通过互联网及其他新兴媒介进行购物的电子商务形式。具体而言，传统的店铺销售依然保留着其稳固的市场份额，消费者可以亲自到店选择商品，体验触摸和试用带来的直观感受。上门销售通过面对面的交流和演示，让消费者在家中便能接触商品。而邮购则为远程消费者提供了便利，其在订购商品之后，以邮寄方式接收。消费者可以借助各类电商平台浏览、选择和购买商品，无须亲临实体店，打破了时空限制，提高了交易的效率和便捷性。当前，新兴的社交媒体、直播购物等形式，也在进一步丰富和创新商业流通的方式。

（三）信息流通

信息流通是商品和交易信息在供货商与消费者之间双向传递的过程。以往，人们通常将关注点集中在看得见、摸得着的实物产品上，未能对信息流通的重要性给予关注。而实际情况是，企业融资困难的主要障碍正是信息不对称带来的风险。信息能否有效流通，是决定企业融资顺畅与否的关键因素。因此，企业在关注生产和供应的同时，应持续优化信息流通的策略。

（四）资金流通

资金流通关乎货币在市场上的运转，其可以保障企业生产经营平稳运行。企业想要维持其正常运作，必须确保资金的快速回收，否则将难以构建一个完整而高效的经营体系。此流程涉及多个环节，在整个过程中，资金的顺畅流动影响着各个环节的合同履行和交易结算，甚至在较大程度上关系企业资金链的稳定与安全。

第三节 传媒产业的产业链结构

一、传媒产业链的演进历程

从大众传播的演进历程来看，其大致经过了三个时代，分别是纸质传播时代、电子传播时代与数字传播时代。纸质传播时代主要是以报纸、书籍、杂志等形式作为传媒载体；电子传播时代主要是以广播、电话、电视等形式作为传媒载体；数字传播时代主要是以高清晰电视、电脑、互联网等形式作为传媒载体。基于当前数字传播时代回望人类大众传播史可以发现，传媒生态发生了较大的转变，人们可以借助服务商提供的多元化方式，有效实现文字、数据、增值业务等方面的传输工作，尤其是以通信厂商带动的技术改革，已经令多种传媒呈现出了"传媒汇流"的趋势。

"传媒汇流"指的是将数字技术作为所有信息资源和媒介形式的基础，建立一个统合的平台供相关产业使用。该平台融合了大众传媒的各类形式，如新闻、出版、广播、电影、电视和音像等，且涵盖了通信领域的有线与无线技术，以及以计算机与网络为主体的信息业，以汇流方式催生了一批横跨多个领域的大型企业。这些企业凭借对技术的巧妙应用和对各类信息资源的有效整合，逐渐成为全球文化市场的领军者。"传媒汇流"策略促进了不同行业之间的协同发展，并且在较大程度上推动了信息与文化产品的多元化和普及化发展，极大地影响着当今社会的文化生态。

第二章 传媒产业的基本结构特点

由于"传媒汇流"的影响,过去那些各自独立运作的公司开始有了"跨产业""跨平台""跨部门"协作的动因。此变革对传统媒体行业产生了积极而深远的影响:打破了不同媒体之间的固有壁垒,实现了信息资源的共享。此变革有效推动了传媒企业在全球范围内的新一轮整合与竞争,从而提升了行业的整体效率和竞争力。此外,"传媒汇流"还使不同媒介形式之间的界限逐渐变得模糊,使资源得以更加灵活和有效配置,从而催生了更多创新合作的可能性,重塑了传媒业的生态系统。

我国的广播电视系统原本是一体的,它们之间的协同已相当普遍,较典型的案例之一便是通过广播播放电视剧对白的音频版本,此做法在以前较受欢迎。2004年11月,第一财经传媒采取了进一步的创新举措,除了在电视与广播上同步播出内容外,还推出了《第一财经日报》。此举措实现了产业价值链的纵向整合,结合内容环节的共享而大大降低了运营成本,并在无形中增强了该传媒集团的竞争力,使观众和听众可以借助多个平台获得信息,还能享受到更加高效和丰富的资讯服务。这一战略部署体现了广播电视行业在内容共享和跨媒体联动方面的巨大潜力,为未来的传媒行业发展提供了宝贵的经验和启示,提升了受众的满意度,也为整个行业的可持续发展创造了新的机会。

由重视传媒产业链中的单个环节至重视整体产业链中的联合经营,由传媒产业链内部至传媒产业链外部,我国传媒产业整体上呈现出了系列化、一体化、多元化的发展趋势,主要有集团化发展和大传媒产业发展两种表现形式。"大传媒"这一概念源自美国作家凯文·曼尼(Kevin Maney)在其著作《大媒体潮》中提出的构想,他用"大传媒"这一术语描述了当前传媒行业所处的全面而激烈的竞争环境。传统的大众传媒、电信以及信息网络等行业将逐渐融合,形成一个全新且巨大的产业领域,被称为大传媒业。大传媒业的出现和成长,将重新定义和塑造这些企业的运作模式和市场格局,使行业间打破传统界限,走向融合发展。最终,所有相关领域的企业会在这个统一的市场中角逐,不断推动行业的整体进步和变革。

电影、视频、音乐等是一个相对来说比较完整的生态系统,可将其视为一个渗透了诸多传媒与市场的"食物链"。近年来,我国影视业已经取得了繁荣发展,在潜移默化中推动了传媒产业的快速发展,作为文化产业中至关重要的一个部分,影视业的产出与传统的制造业之间存在着明显的差异,而且在设计、采购、营销等价值链环节中,同样与制造业有显著的区别。本质上,影视业真正产出的产品不同于传统制造业的大批量生产,并且在产品制造时有着比较大的前期投入,整个行业的经营风险同样大于传统制造业。影视业本身独特的行业性质在较大程度上决定了其价值链整合的独特方式。

如今,外资传媒集团已经以商业化的合作形式走进了中国市场,由IT传媒合作逐渐走向了娱乐、财经等传媒合作,实现了进一步的拓展与延伸,同时借助我国开放电信与网络服务的时机,将网络传播平台与电信服务的相互融合作为出发点,向纵深化全面推进,尽可能提供了增值服务与接入服务。不仅如此,在内地传播领域中,外资传媒以间接或者直接的方式,落实了兼并收购、投资控股、品牌合作等一系列的相关活动,在我国打造了本土化的外资大传媒集团。总体上,我国目前的传媒市场形成了将电视传媒作为主体,将报纸、杂志、书籍等作为延伸,将广播、音像制品等作为补充,以互联网为多传媒方向的多元传媒同步发展、相互竞争的局面。

二、传媒产业链的价值流动研究

(一)广告价值的流动

价值系统分析也就是将企业视为一个和上下游企业之间密切关联的单位,融入整个产业链条中并进行考察,这可以为企业提供良好的基础,使其能够在激烈的市场竞争中尽可能获取竞争优势的核心价值与发展战略。

开展价值系统分析能帮助企业辨析自己在行业价值链中的具体角色,寻找通过整合或一体化过程来降低成本、消除不增值环节,从而获得竞争优势。此外,进行价值链分析还能够进一步启发企业从增加宽度、扩展领域、重构结构和再造流程等方面进行深入研究与探索,这样,企业就能够运用更高效的手段来设计价值链活动,从而提升企业的整体价值和效益。

在媒体行业的价值链中，价值的流向通常是从上游环节开始，逐步传递到下游环节，并在此过程中不断增加其附加值，最终流出系统外部，传达到用户手中。然而，在实际的交易过程中，价值链的流动并非如此简单直线。相比传统制造业的价值流动模式，传媒行业的价值传递表现出复杂而独具的特点。传媒产品和媒介销售的独特性在很大程度上决定了其价值流动的独特性，如媒体内容创作需要经历多个环节，从策划、制作、编辑再到发行，每个环节都会提升内容的价值。同样，媒介售卖的过程也受到广告、用户付费等多重因素的影响，使媒体价值链的运作更为复杂。

与传统企业生产的有形产品相比，传媒信息产品有以下几个特殊性（见图 2-4）。

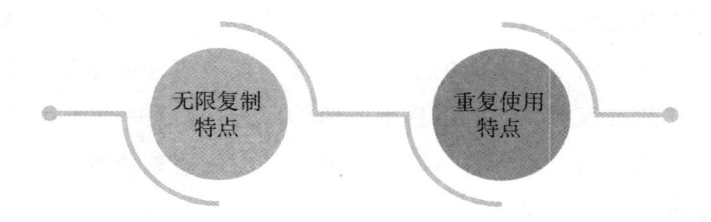

图 2-4　传媒信息产品的特殊性

1. 无限复制特点

从根本上分析可知，纯实物经济与纯信息经济属于两种截然不同的事物。当一件物品被售卖之后，那么卖家则不再拥有此物，但是当一首歌曲或观念等被售卖之后，卖家仍然是拥有的，甚至有可能会将其再次进行售卖，这体现了信息可以被无限复制的特点。

2. 重复使用特点

信息有着收益递增型的特点，如果把实际使用的次数翻成两倍，则每次使用的成本将会减少一半。除了最初拥有信息者自身具备一定的能力，可以限制别人使用自己的信息，否则将难以获得与最初的投资相匹配的收益。

媒介售卖过程的理论经常涉及"二次售卖"概念，这在学术界得到了广泛应用。根据此理论，媒介信息产品通常以极低的价格甚至免费提供给受众，其目的在于获取大众的注意力，是媒介企业的核心运营方式之一。而一旦成功吸引到大量受众，媒介公司便能将受众的注意力作为商品出售给广告商，从而完成价值的交换和变现。在整个传媒产业链中，正是此种凭借受众注意力进行的广告价值流动，使广告成为最具特殊性的环节。此过程揭示了媒介行业的基本营运模式，也展示了现代传媒生态中的经济动力机制——通过免费的高质量内容吸引用户，然后将这些用户的关注度变现为广告收入，实现商业价值。如此循环往复，广告价值的流动成为传媒产业链中至关重要的驱动力。"二次售卖"理论为理解媒介经济提供了深刻的见解，并揭示了广告在传媒行业中的独特地位。

与传媒本身所承载或者传播的其他资讯一起，广告通过信息产品的形式在传播者与受众之间进行流动，在生产、制作、包装等过程中有效实现了价值流动，由传播者向受众之间的单向传播渐渐发展成为传播者与受众之间的双向传播。在此过程中，广告不具备实体的形态，而是一种被无形消费的信息产品类型。该产品自身具备一般产品的生产、流通与消费过程，从而能令自身的价值得到充分体现。

（二）传媒信息产品的价值转变

传媒主要是靠信息产品实现传播者与受众之间的价值传递。依据主动和被动接受的形式，可以把传媒信息产品分成两种类型。一类是受众主动需要的信息，也就是人们熟知的节目或者版面内容，主要有资讯类、娱乐类、访谈类等。资讯类有新闻、财经等，娱乐类有电影、电视剧、娱乐节目等，访谈类有人物专访、时事点评等。另一类是受众被动接受的一些信息，也就是广告。

从传媒角度而言，各种类型的信息产品均为商品，均需要经过市场的流通与交换，且必须遵循商业规则，只有全面满足受众的实际需求，才可以进一步传递与转换价值。然而，对于人们所熟知的市场经济中的交换行为来说，信息产品的交换存在着比较强的特殊性，其并非在一个专门的市场中实现货币交换，而是为传播者与受众构建一个平台，在该平台上进行置换选

第二章 传媒产业的基本结构特点

择。传媒则主要承担了内容交换的功能与作用，受众让出了观看广告的时间价值，从而获得了各种类型的节目、版面内容的使用价值。传播者将所制作的节目、版面内容的价值让出，从而获取了广告受众注意力的使用价值。

在当今市场环境中，大众传媒的经营主要依赖于广告收入。因此，广告报价成为各大媒体生存的关键议题。根据市场经济原理，媒体通过提供优质的内容，来吸引观众的注意力，不仅仅是为了提升观众数量，更是为了获取广告商的注意力。广告商在选择广告平台时，会仔细评估平台的受众参与度和吸引力，从而决定是否支付相应的广告费用。优质的内容对于媒体而言既是吸引观众的核心手段，也是展示其广告价值的重要因素。一个成功的节目或版面能够有效吸引大量受众，从而间接提高广告商对广告投放的兴趣。广告商希望通过媒体的内容吸引潜在消费者，而媒体则以此为基础进行广告报价。广告费用的确定依赖于媒体提供的内容质量，以及广告商对受众反馈的预期。

节目或者版面内容本身具备的价值与商品的价值基本上是一样的，主要由是否能够满足消费者的实际需求决定，这是较为关键与根本的问题之一。除此之外，它还受其他因素的影响，如一些媒体较为关注建立自身良好的品牌形象，或者比较关注媒体产品的营销推广，这有利于媒体产品本身的价值提升。又如，一个好的广告创意能够使人过目不忘，这也比较利于促进广告注意力的价值提升。

简单来说，广告媒体的报价是指广告商在媒体上发布广告时所需支付的费用。节目或者版面的具体内容是否精彩是衡量价值的标准，产品价值的外在表现是广告策略本身水平的体现。在同一个媒体上，如果有几个广告同时出现，那么该媒体所赋予其本身的交换价值是等同的，但是符合消费者实际需求的优质广告作品可以使其增值，有效推动广告注意力的价值提升。

广告的价值通过传媒的传递，从传播者流向受众。当广告随着电视节目而播放或随着报纸而发行时，该传递过程便完成了，广告信息产品的价值也得以实现。然而，广告不仅仅是简单的信息传播媒介，它更是一种具有意识形态的产品。正因如此，广告产生了独特的经济价值和文化价值，并对其传递和交换方式产生了深远的影响。广告所体现的除了是商品的推广，更承载着特定的文化观念与社会价值观念，这使它在传播过程中既是商品信息的载体，也是文化和意识形态传播的工具。

第三章　新媒体技术与传媒产业生态演变

第一节　新媒体技术革命与演变

一、从"模拟"演变为"数字"

在传统的大众传播体系中，模拟技术是一种应用比较广泛的"主流技术"形式，主要对电路的电子设计形式进行模拟，其在大众传播媒介发展的过程中发挥至关重要的作用。但因这种模拟技术主要依靠电流的大小或者电压高低标识信号的含义，使其本身受到了较为强烈的外部干扰，而且其将模仿与经验作为主要的技术操作形式，从而令传播过程的可控性不高。同时，因其单一的信息表达形式与单向的信息传输通道，导致了模拟技术更加难以适应现代传播的发展以及人们现实生活的需求。基于此，数字技术应运而生，且随着自身性能的持续提高，逐渐成为当前社会背景下比较基础的技术标准，同时成为信息社会取得全面发展的基础前提。结合大众传播的具体情况来看，传播信号从模拟技术逐渐发展为数字技术，成为人类社会中一系列技术领域达成质的提升的必要前提。在数字化新媒体技术的衍生发展过程中，其体现出了决定性的作用与价值。

(一)数字技术的主要特点

数字技术指的是借助取样、量化与编码的过程，将连续的模拟信号转变成一个个分散的二进制数字信号，其中任何一个数字信号只分成了"1"和"0"这两种结果，并且分别通过一个个的脉冲，实施后续一系列功能的处理、传播、记录等，同时可以灵活借助计算机的方式进行处理、检测与控制。将"0"和"1"进行排列组合，可以将涉及模拟信号在内的诸多信息都转化成二进制的代码，再把信息进行数字化处理。

信息的数字化主要涵盖两个方面：其一，将模拟信息进行数字化处理，即模/数转换，旨在将传统的模拟信息形式转变为数字技术和系统能够读取和处理的数字信号形式，从而为数字技术的引入和广泛应用奠定基础，特别是在各种信息系统中。此过程能够使丰富多样的信息资源实现数字化，从而使它们更加易于处理和传输。其二，信息的数字化还包括将已经数字化的信息还原为可以被人类感知的模拟信息，即数/模转换。此步骤将数字形式的信息重新转化为模拟信号，使人们能够通过感官直接接收到这些信息。无论是视觉的图像、听觉的声音，还是书面的文字信息，均可通过数/模转换来还原，使信息在发布和接收之间保持一致且清晰。在新媒体的传播系统中，数字技术的应用尤为显著，其能够有机整合文字、声音和影像等多种信息形式，并通过各种传输渠道进行有效传播。[1]此过程通过数字技术对信息进行编码，以及在信息接收终端进行解码，从而保证信息被受众准确地接收和理解。例如，通过互联网或其他数字通信手段，信息可以快速而高效地传递到用户手中；在接收终端，信息则会被解码，重新变为人们可以直观感知的形式。相对于传统的模拟信号，数字技术的优势是显而易见、不可替代的。

1. 数字技术的抗干扰能力强，信息质量较好

相较于模拟技术，数字技术采用了数字信号对信息进行加工与传递，大大降低了"失真"或者"噪声"所产生的影响，进一步确保了信息的准确度

---

[1] 张雷洪，王文举. 新媒体技术概论[M]. 北京：文化发展出版社，2021：8.

与完整度，即使是进行连续复制，仍然能够具备素材资源的良好品质。

2.数字技术具备海量、长期的储存特性

相较于模拟信号大量的数据存储来说，数字技术应用了压缩编码，在较大程度上减少了存储空间的耗费，并且数字技术具有本地存储与网络存储两种形式，这两种方式都能够在较大程度上长时间保留大量信息资源。不仅如此，信息记录方式还有可复制的特点，大大提升了信息处理效率，令批量信息的集约化处理变成了可能。

3.数字技术具备信息的双向交互功能

当今，数字技术展现了其卓越的双向信息交互功能。与传统的模拟技术主要依赖单向传播模式相比，信息反馈需要借助额外的通道来实现，数字技术打破了这一局限，其结合多通道网络系统使信息传递和反馈能够同步进行。数字技术的优越性还表现在其高度的通用性上，能够使计算机技术和通信技术无缝融合，形成一个高度协同的数字生态系统。在该系统中，各类技术可以灵活运用和整合，从而显著提升了信息处理和传输的效率，使数据的交换更加便捷和迅速，促进了不同领域间的融合，使现代信息交流呈现出前所未有的高效性和便捷性。

4.数字技术为多媒体融合提供了基础

数字技术通过数字压缩与转换功能，对文字、图片、声音等进行了统一编码，有效推动了各种传播介质的融合，进而有效实现了跨越传统媒体的融合与传播。正因多媒体信息自身的融合功能，数字技术渐渐成为新媒体中关键的技术支撑，它最大限度地发挥了新媒体的传播优势。

（二）数字技术的演变历程

数字技术涉及的范围较广，主要包括数字信息获取与输出、数字存储与数字处理、生成等。从对数字新媒体主要技术的集中聚焦的角度出发，这里只对数字信息处理和生成技术进行讨论，主要内容如下（见图3-1）。

图 3-1　数字信息处理和生成技术的简要描述

　　数字技术的硬件基础建立在数字电路之上，在硬件的发展轨迹上，数字电路与模拟电路有着相似的演变路径，两者均经历了从电子管到半导体分立器件，再到数字集成电路的过渡。自 20 世纪 60 年代起，数字集成器件利用双极型工艺制造出了小规模的逻辑器件，为数字技术的进一步发展奠定了基础，促成了中规模和大规模逻辑器件的出现。到了 20 世纪 70 年代末，随着超大规模集成电路的发展，微处理器成为现实，数字技术迎来了革命性的进步。微处理器的体积有所缩小，甚至大大提高了处理能力与速度。加之算法的不断优化和改进，使更为集成化、复杂化和高速化的数字集成电路系统成为现实。该时期，数字电路在其性能方面获得了显著的提升。从 20 世纪 70 年代开始，数字电路的信号处理方法已扩展到几乎所有电子技术的应用领域。无论是计算机、通信设备、医疗仪器，还是家用电器、工业自动化系统和娱乐电子产品，均可看见数字技术的存在并发挥了关键的作用。

　　在处理图像、音频、视频信号的时候，数字技术都是把自然的视觉信息与声音信息等转化成为数字信号，并且对数据进行压缩，而压缩的方式则随着科技的发展逐渐转向与人的视觉和听觉特征相适宜的方向。但因为同一种信息形式存在着多元化的文件格式与相对应的制作软件，数字技术的兼容控制体系应适当融合。鉴于此，综合应用现有的编码技术成为数字媒体编码技术发展的重中之重。因此，应制定统一的标准，从而使数字媒体信息系统形成普遍的兼容性与互操作性。

（三）数字技术的传媒应用分析

数字技术日益多变，突破了传统媒体的传播生态环境，同时使原本的传播边界逐渐变得更加模糊，进一步凸显了媒介融合的整体趋势。数字技术的广泛应用，虽然使报纸、广播、电视等行业面临着产业调整的现实环境，但也使传统媒体呈现出新的传播形态，催生了大批新的传媒应用。

1.报业数字化应用

报纸作为一种传统媒体，受到了新媒体的巨大冲击，借助数字技术，积极融入数字化时代的浪潮，是报业应对市场挑战、求取生存空间的重要发展趋势。将先进的数字平台作为依托，报业的数字化发展历程可以说较为迅猛。从最初的报纸网络版至报纸网站，再到手机报、电子报等数字报纸的发展来看，在数字化的行业背景下，报纸主动开辟了一条适用于未来发展形势的道路，但是怎样有效利用数字技术等一系列手段，将传统报业的优势充分发挥出来，弥补传播的劣势，全面推动信息内容的跨媒体生产与发布，成为报业发展过程中面临的重要问题。

2006年，国家新闻出版总署在《全国报纸出版业"十一五"发展纲要》中纳入了"中国数字报业实验室计划"，提出应形成将传统纸质介质报纸作为基础，且以网络化、数字化内容为信息增值服务产品共同进步的内容产品发展格局，并在此基础上成立"中国数字报业实验室"，展开了积极的尝试，融合了网络化、数字化的新型报纸出版形态与运营方式。

2.数字电视应用

数字电视是一种将电视信号经过数字化处理后形成数字信号的技术，信号经过无线或有线的方式传输到数字电视接收设备。在此过程中，从信号发送、传输直到接收的各个环节都采用了数字技术，其核心在于整个广播电视系统的数字化基础，通过全系统数字化处理，数字电视能够确保高质量的信号传输和接收，无论是图像还是声音的清晰度和稳定性都比传统的模拟电视有显著提升。数字电视支持更加丰富的功能，如电子节目指南、多媒体互动服务等，使观众的电视观看体验更加丰富多彩。

当前，世界上地面数字电视广播标准主要有美国的 ATSC 标准、日本的 ISDB 标准与欧洲的 DVB 标准，这三大数字电视标准中都具有全系统数字化的标准。在广播电视由模拟系统转向数字系统的过程中，如果缺乏统一的标准则无法实现，其中，信源编码技术、信道编码技术、调制技术、接收技术是比较重要的技术。

纵观我国的数字电视发展历程可以发现，其主要包括以下三个阶段。第一阶段，普及型数字电视替代了部分模拟电视，其能够发送模拟电视信号以及一部分数字电视信号；第二阶段，标准清晰度数字电视（Standard Definition Television, SDTV）全部将模拟电视替代，其能够发送标准清晰度电视信号，同时衍生出了标准清晰度数字电视机与机顶盒；第三阶段，高清晰度电视机被推出，其能够发送高清晰度数字电视信号。2008 年，我国北京奥运会采用了全部高清信号转播，成为历史上首次采用此项技术进行实时转播的奥运会，这也有效提升了我国高清电视发展的速度。

3. 数字出版应用

数字出版主要有两方面含义：一方面，在传统出版流程的各个环节之中，基本上都采用了数字化的工艺、技术与设备，但是出版形式仍然是以印刷媒介为主；另一方面，数字出版指的是在编辑加工、制作出版至发行阅读的全过程中，均采取了数字化的形式，其中有软件出版物、电子图书、数字期刊等多元化的形态。

在新媒体时代背景下，数字出版是传统出版业的必然选择，其可以有效突破介质局限，提升读者的阅读体验，有效改变传统的出版模式，并使出版业的市场不断扩大，拓展更加多元化的盈利渠道。数字化的流程再造对传统出版业的长远发展产生了深刻的影响，促使传统出版的生产周期、组织体系、营收模式等发生了较大的变化，既能够满足受众的信息消费需求，又可以紧跟现代传媒的发展动向。

二、平台通道的技术变革

数字技术让新媒体传播信号转变的可能性大大提升，为跨媒介的信息传播奠定了基石，能够提供统一的信息格式，为新媒体传播改革事业提供了强大的推动力。互联网技术与移动通信技术作为新媒体传播的渠道，紧跟时代的步伐，不断发展和更新，除了对传统媒体改进传播模式，以及提升传播效果并实现技术渗透外，同时能够在传播形态上为新媒体的迅速发展提供助力。以不断变革的媒介技术为基础，互联网与移动通信技术被广泛应用于传媒实践与社会生活之中，深刻转变了人们的生活方式与交往方式。

从新媒体传播通道来看，网络技术与移动通信技术对网络媒体与手机媒体的传播渠道分别起到了支撑作用，两者不断进行革新，能够为网络媒体与手机媒体的代表形式带来传播功能与传播方式的改变，并且能够使之向着更加个性化、人性化与服务性的方向进行转变（见图3-2）。

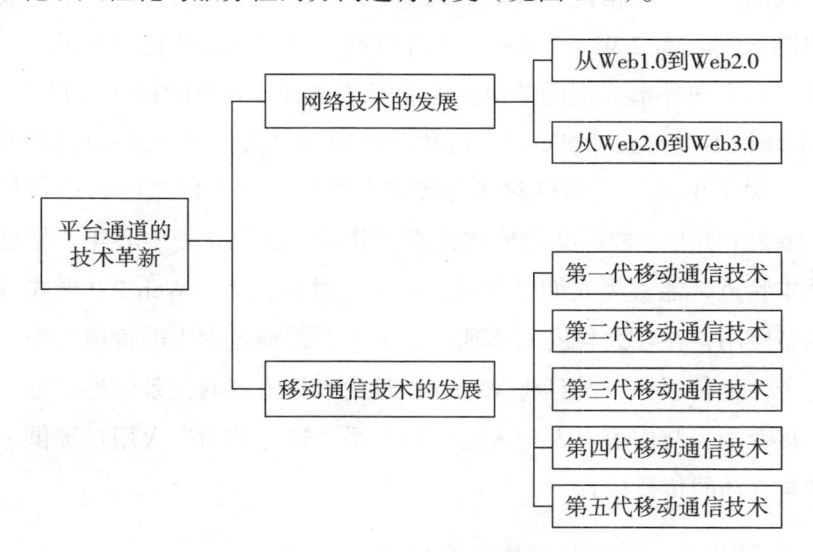

图3-2 平台通道的技术革新

（一）网络技术的发展

自20世纪90年代万维网技术的诞生开始，互联网技术经过了持续的演进，从简单、闭合走向了高级开放的层次，实现了更新迭代，使技术革命和社会发展之间的关联更加密切，并且基于互联网络的文化网络与社会网络也被全面构建。

1. 从 Web 1.0 到 Web 2.0 演变

20世纪90年代初期，Web 1.0作为结合互联网络有效实现信息资源共享的技术，已经在世界范围内进行了普及，该技术能够将分布于互联网中的各类信息片段整合在一起，并进行重组，再实施互通互联与信息搜索，从而构建了使用者和信息内容间的交流与互动关系，使因特网的使用整体上呈现出上升的趋势。在Web 1.0时代下，以门户网站为主要代表的传播形态得到了广泛的应用，但是Web 1.0技术平台的本质依然是通过网站的制作者与管理者统一发布信息，仍是由上而下的单向传播信息传递模式。

2004年，戴尔·多尔蒂（Dale Dougherty）用"Web 2.0"一词定义互联网中出现的新动向。由此，Web 2.0的概念被提出，虽然目前尚未形成完全统一的概念，但是与Web 1.0新一类互联网应用的总称相比较来说，这是一次由核心内容向外部应用的革命，是立足于Web 1.0上的拓展与延伸。Web 2.0技术在根本上突破了Web 1.0时代门户网站单向为用户进行传播的模式，使用户摆脱了单纯的信息订阅者与接受者角色，成为信息的制造者与传播者。Web 2.0作为一种新型的传播技术，其以个性化、去中心化、信息自主权为基本特点，能够为人们带来较强的自主性。比如，Web 2.0形式将博客作为典型应用，在较大程度上体现出了个体在传播过程中的价值与作用，重点关注个性化的服务，并且将Web 1.0时代人与内容的关系做出了进一步的拓展，转变为人与内容、人与人之间的关系，这能够为广大用户提供一个全方位参与互动的传播模式。

2. 从 Web 2.0 到 Web 3.0 演变

为用户提供多元化、开放化的网络共享环境是Web 2.0的核心，其在较大程度上解放了用户的主动性与创造性，使用户在实际参与内容生产与信息传播的过程中，进一步实现了信息生产与消费的有机统一。但也正是由于广大群众的积极参与，导致互联网内容出现了难以满足广大群众个性化与快捷化需求的现象。正因如此，出现了Web 3.0的概念。

Web 3.0是互联网发展的新阶段，带来了移动互联、个性化界面、用户体验提升以及信息整合等一系列重要特征。Web 3.0打破了时空的界限，为现代人日益增长的移动需求提供了解决方案。无论人们身处何地，随时随地都可以访问互联网资源，进行即时交流与互动，提升了人们交往的便利性。个性化定制是 Web 3.0 的另一大突出特点，结合用户的偏好和使用习惯进行全面化分析，系统可以提供高度定制化的信息服务，从而更加精准地满足个体的需求。不同于以往静态、单一的信息呈现形式，Web 3.0 能够为用户提供动态的、综合化的信息互动体验，提升用户的满意度和黏性。友好的智能化界面设置是 Web 3.0 的又一个核心特征，借助先进的技术手段，用户界面变得更加人性化和智能化，使人机交互变得更加自然流畅。完善的感官体验不再只是停留在视觉层面，触觉、听觉等多重感官的融合大大提高了用户的体验，使互联网更加贴近人们的日常生活。Web 3.0 还注重信息的聚合和高效利用，不同应用程序之间能够自由组织和整合信息资源，大大提高了信息使用效率。这种信息聚合的自由组织模式，为用户提供了一种全新的信息获取和处理方式，使他们能够从海量的信息中迅速找到所需内容，节省了大量的时间和精力。在终端平台方面，Web 3.0 的网络模式也表现出强大的兼容性。无论是传统的 PC 互联网，还是手机、掌上电脑、机顶盒、专用终端等多种设备，Web 3.0 都能够无缝衔接。多终端的兼容性扩展了互联网的应用范围，也为用户提供了更广泛的选择。

（二）移动通信技术的发展

移动通信指的是进行无线通信的现代化技术，这是电子计算机和移动互联网发展所取得的重要成果之一。经过了第一代至第四代移动通信技术的发展，当前已经进入了第五代移动通信技术发展的时代，这是目前改变世界的几种基础技术类型之一。

1. 第一代移动通信技术的演变

20 世纪 80 年代，移动通信首次进入人们的生活，此时期被称为第一代移动通信，或简称为 1G。美国的高级移动电话系统（AMPS）和后来在欧洲广泛使用的全球接入通信系统（TACS）等都是第一代移动通信技术的代表性技术，其共性是采用了频分多址技术（FDMA），核心是在不同频段上传递模拟调制的语音信号。尽管1G技术在商业上获得了巨大的成功，为人们的通信提供了较大的便利，但是仍然具有明显的局限性。比如，频谱资源的利用率较低，公司可以提供的服务种类有限等。正是由于1G技术的不完善，为后续移动通信技术的发展提供了明确的改进方向，从而进入数字化时代成为必然趋势。

2. 第二代移动通信技术的演变

第二代移动通信技术也就是2G，在保密性上显著优于第一代，且系统容量得到了更大提升。一个重要的进展是手机实现了上网功能，增加了数据传输服务，传输速率为每秒9.6～14.4 Kbit。2G时代的到来，标志着移动通信制式的角逐正式拉开帷幕，其中，全球移动通信系统（GSM）脱颖而出，成为较广泛使用的通信标准。此时期的技术进步在通信质量和容量上实现了飞跃，并为现代移动互联网的发展奠定了基础。2G技术的普及让许多人体验到了移动通信的便利和快捷，对整个通信行业产生了深远影响。

3. 第三代移动通信技术的演变

第三代移动通信技术被称为3G，最初由国际电信联盟（ITU）提出。起初，它被命名为未来公众陆地移动通信系统（FPLMTS）。1996年，FPLMTS正式更名为IMT-2000，并支持最高数据速率可达2000 Kbit/s。3G时代的到来，标志着移动通信领域实现了质的飞跃，其卓越的高频宽和稳定的速度，使视频通话和大数据传输变得更加普遍，丰富了人们的应用体验。因此，多样化的应用程序应运而生，为人们提供了更加便捷、实时的通信服务。其在业务速率上的提升，更使移动互联网的应用达到了一个全新的高度。在这一时期，3G有效促进了个人生活与工作的高效化，并且在全球范围内推动了信息技术的进步和应用，成为移动通信发展史上一个极富意义的里程碑，标志着移动通信领域发展新纪元的开始。

4. 第四代移动通信技术的演变

第四代移动通信技术，即4G的主要目标是显著提升数据传输和语音通信的容量，从而改善用户的整体体验。4G引入了全IP系统，彻底淘汰了传统的电路交换技术。此变革有效提升了通信效率，使各种互联网应用和服务能够更加流畅地运行。与之前的通信技术相比，4G在速度、稳定性和使用便捷性方面均有了质的飞跃，使人们的生活变得更加便利和高效。

5. 第五代移动通信技术的演变

第五代移动通信技术也被称为5G。5G系统提升了移动设备的用户体验，同时涵盖了物联网、自动驾驶车辆以及增强型移动宽带等多种应用场景，使各类连接更加高效和便捷。

三、新媒体技术的终端延伸与拓展

从某种程度上说，在新媒体时代，终端意味着用户规模与市场空间。与报纸、书籍、广播电视等一系列的传统媒体终端相比而言，新媒体技术将技术的扩张作为主要依托，掀起了终端革命的浪潮。具体来说，体现在其由单一化至多元化的发展途径上，手机终端、电子阅读器等一系列新型终端形式陆续被研发，其性能不断得到升级与优化，在很大程度上引领了媒介发展的潮流。

（一）外显载体形态的演变

从传统的信息传播流程分析可知，受众的接收终端主要是报纸、书籍、广播电视等，传播介质比较单一。而随着新媒体技术的更新迭代，受众的信息接收终端有了更多新的载体形式，能够有效满足现代社会受众多种多样的媒介需求。

1. 电子计算机

人们持续增长的应用需求在无形中驱动了计算机技术的发展。1946年，世界上第一台电子计算机诞生，逐渐普及到了人们生活与工作中的方方面面。从宏观角度来看，计算机呈现了明显的两极化发展走向：一方面是向着微小、精巧、便携的方向发展，比较适用于家庭与个人的使用；另一方面，是向着庞大、巨型化的方向发展，在军事探索与科学计算层面得到了充分的开发。

2. 手机终端

作为一款现代化的通信工具，手机为人们的沟通与联系提供了方便，并且通过新媒体的形式，能够为人们在信息获取、娱乐休闲及交流沟通等方面提供了全新的媒介体验，在与人们的生活深度结合的同时，手机已经逐渐发展成了现代社会中被广泛应用的信息终端。

在移动通信技术迅速发展的背景下，手机终端产品更新换代的步伐逐渐加快，手机芯片和平台技术领域不断推出新的技术设计方案，并且逐渐从过去的单处理器转化成了基带加应用的双处理器终端架构。在终端软件领域中，作为早期数字终端生产商选择的专有软件系统也转向了开放式操作系统，并且进一步提高了兼容性和可扩展性。

自移动终端出现开始，技术演变所带来的终端设计的进步过程就在持续进行。从第一代模拟终端一直到数字终端发展的过程中，从离散器一直到集成芯片，终端设计基本上都是沿着集成度较高、器件较少、功能较强等趋势发展的。除此之外，手机也从单一的通话工具渐渐转变为一种媒体样式，甚至成为新媒体的代表形态之一。

3. 电子阅读器

作为一种专为显示文本而打造的创新设备，电子阅读器在数字科技、液晶显示器、电子纸技术不断进步的背景下逐步兴起。当今，以计算机技术和通信技术为代表的信息技术在出版行业所处的地位越来越重要，并带来了深刻的变革，标志着数字出版时代的到来。电子书作为数字出版的一种典型形态，日益受到读者和出版商的青睐。电子阅读器作为电子书的主要载体，其采用了先进的电子墨水显示技术，还极力模仿纸质书籍的阅读体验，为用户提供了舒适的电子出版物阅读感受。电子阅读器能够有效缓解眼睛疲劳，同时具备节能环保的优势，成为许多人阅读数字内容的首选。电子阅读器便于用户携带大量书籍，随时随地进行高质量的阅读体验，在一定程度上改变了传统的阅读方式和习惯，使数字出版物成为未来读书的新趋势。无论是小说、专业资料还是学术论文，电子阅读器都能提供便捷的、模拟纸质书籍的阅读感受，为读者带来全新而卓越的阅读体验。

因为电子阅读器主要是通过模拟印刷显示技术将数字化文本内容整体显示出来，所以在视觉效果与实际操作方面比较贴近传统纸质阅读，并且由于电子阅读器具有较好的便携特性及电池的长久供应等特点，所以能够有效满足用户的移动阅读需求。除此之外，电子阅读器在不断创新改进中，还加强了与互联网连接技术、现代科技等的结合，从而使电子阅读器成为名副其实的新媒体应用终端。

（二）终端性能的转换与升级

从终端性能来看，多功能、便携性、体验性的多元化特性是广大用户喜爱新媒体终端，并促使新媒体不断开拓广阔市场空间的关键因素（见图3–3）。

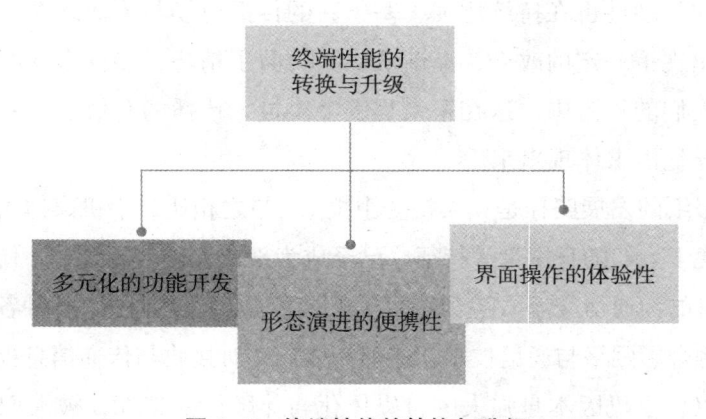

图 3–3　终端性能的转换与升级

1. 多元化的功能开发

新媒体发展的关键因素在于技术的进步，广阔的市场需求及政策空间则是新媒体发展的内在驱动力，但对于新媒体的具体应用形式及其影响范围而言，其本身就已经远远超过了作为一种媒介形式而承担的具体职能。换句话说，新媒体并非单纯因为信息传播的价值而引起人们的关注或者推崇，更多的是由于其本身强大的多种功能，转变了人们的生活方式，同时渗透至每一个个体和社会与他人的关系之中，带领人们走向了一个全新的信息化时代。

从网络应用的现实情况来看，因渐次更新的媒介产品形态的实际影响，其本身的各种功能应用得到了大力开发。搜索引擎、网络新闻等能够使人们从多元化途径及时获取信息，网络音乐、网络游戏、网络文学等可以为人们提供休闲娱乐的途径。计算机终端正是因为拥有强大的多功能集成特征，所以与人们的生活、工作息息相关。计算机仍然在持续更新使用的功能与体验形态，将会以超越人们想象的多元化形式，促进人们的生活状态与社会的运行方式等方面的变革。

2. 形态演进的便携性

结合传媒演变的历程可知，受众的实际需求是有效推动传媒发展的关键动力，因此新技术支持下的新产品与媒介消费者的现实需求之间是否匹配，是其能否迅速成长的关键所在。随着社会的发展，人们的生活节奏渐渐加快，空间的移动性也在持续增强，基于新的传播市场与传播理念，接收终端在整体上出现了一定的改变，渐渐从庞大转向了精巧，多种多样的便携式终端进入了人们的视野中，这在很大程度上决定了传播的有效性，并且能够将用户的多样化需求体现出来。

传统报纸的发展路径是"大报变小报"。与之相比，手机媒体由于体积比较小，且便于人们随身携带等特征，已经成为现代人必备的终端，便于广大用户实现及时的沟通与交流。随着移动互联网发展步伐的加快，各种各样的智能手机有机融合了网络与通信技术，能够为人们实时接收与传递信息提供较大的便利，所以，手机因本身强大的自媒体化与伴随性的特性，被人们称为带着"体温"的媒体。在电子计算机领域中，更多的家用或者个人电脑已经越来越小型化，在人们的现实生活中，随身携带的高效智能化终端已经比较普遍。

3. 界面操作的体验性

在传统媒体传播的过程中，线性传播模式构建了与受众之间的关系。这里所说的线性传播模式指的是"我报你读""我报你听""我放你看"，这使受众仍旧处在从属的被动地位。而在当今数字化时代背景下，新媒体传播的根本特征是互动，这大大激发了受众的主动性与积极性，进一步强化了信息传播的体验性。受众的体验贯穿了传播的整个过程，因此可将体验视为一种服务产品，体验质量则能够在较大程度上决定受众是否会继续传播，以及判断传播者的传播能力与传播效果。但是，体验并非单纯停留在了信息互动的层面上，接收终端还是传播流程中的终点与反馈源头，其本身具有可供开发的体验功能，这是新媒体技术不断进步的表征。智能手机、平板电脑等各种各样的终端将硬件与软件作为载体，使受众的体验功能逐渐丰富，并且推动传媒产品在向高体验价值追求上持续发展。

第二节 新媒体技术与传媒内容生产革新

一、新媒体技术时代"三足鼎立"的内容生产

新媒体技术为诸多新媒体企业的发展提供助力，使企业逐渐加深了对新媒体技术的应用，已经成为公共话语传播的有效路径，其本身代表的传播模式也已经表现出了让人震惊的社会影响。结合目前复杂多样的新媒体形式，从不同的生产主体的角度，划分当前的内容生产格局，系统性地梳理生产主体，能够看出当下的传媒内容生产格局成"三足鼎立"之势，其中有传统媒体、内容集成商、草根群体这三方面，三者之间相互补充、互通有无，共同组成了我国社会多元化价值发展的助力器。[①]

（一）权威生产主体——传统专业媒体

传统媒体作为自主经营的市场主体，面对来势汹汹的新媒体时，应在媒介生态快速变革的背景之下，与时俱进，保持与时代同步发展

1. 高度组织化的内容生产

前融媒时代背景下的媒介内容生产体系分业独立，根据媒介本身的物理

---

① 朱天，梁英. 新媒体与传媒产业生态［M］. 上海：复旦大学出版社，2015：114.

形态特征，可以将节目生产主体分别制作相对应的节目内容，同时需要在不同介质的媒体中播出。虽然播出的介质存在差异，但结合传统媒体的内容生产模式来看，存在着一些共同的特点，在加工流程上严格按照"采制—编辑—发稿播出"的流程进行。

报纸作为人类历史上最早的一种专业信息传播工具，其内容生产模式对之后出现的广播电视以及网络媒体初期的发展产生了深远的影响。传统媒体在内容生产过程中，使用了一套自报纸探索出来的运作机制。美国传播学者盖伊·塔奇曼（Gaye Tuchman）在《做新闻》中将此种机制概括为"新闻生产网络"模式。塔奇曼指出，传统内容生产存在三个前提条件：第一，受众只对发生在某些特定地点的事件感兴趣；第二，受众只在乎某些组织的活动；第三，受众只关注某些特定主题。为了满足以上三个前提条件，新闻采集制度中形成了三种具体的操作模式：第一种制度是地理边界化，即采访活动有一个明确的地理中心和区域边界。在此区域外的新闻信息则依赖于通讯社或媒体联盟来提供。第二种制度是组织集中化，通过与区域内特定组织建立长期稳定的联系来获取新闻信息。第三种制度是主题专门化，即针对特定的主题，如金融、教育、健康、就业、旅游、房地产、汽车、文化娱乐和体育等领域，设立专项报道或专版。这三种制度相互交织和重叠，以制度化的方式构建出一个复杂的新闻生产网络。[1]

报纸作为早期的专业信息媒体，其影响力不局限于纸质媒介本身，对之后的广播电视以及网络媒体的内容生产模式也起到了规范和引导的作用。广播电视在初期发展阶段，基本沿用了报纸所形成的新闻生产网络模式，通过设立相应的内容采集机制来满足受众的需求。同样，网络媒体在刚开始的内容生产过程中也借鉴了此模式，结合地理边界的设定、与特定组织的联系及围绕特定主题来进行内容生产。

这种开始于报纸并经过略加修改的内容生产机制，被各类传统媒体所沿用。主要是由于其作为生产新闻的主要制度，能够有效化解三个方面的问

---

[1] 塔奇曼.做新闻[M].麻争旗，刘笑盈，徐扬，译.北京：华夏出版社，2008：46-51.

题：怎样满足大众的共同需求；怎样和消息的来源构建稳固的联系；怎样合理实现三种媒介稀缺资源，即采编人员、生产空间与版面空间的有效分配。将此内容生产机制作为主干，并且有效配合新闻查证、新闻阅评、绩效考核等制度，能够确保实现原料供给—制造加工—产品销售的"一条龙"服务。

目前，内容生产方式的高度组织化正受到新媒体社会化内容生产方式的挑战。新媒体在生产资讯方面所消耗的时间、精力较少，却能够成为资讯的生产地与发散地。新媒体通常可以以经营一个环境或者平台为重点，有效激发用户获取资讯的欲望。当前，传统媒体更多地吸纳了个人化与社交性的信息，不断充实了自身的资讯框架。传统媒体人也更加乐于采纳受众的补充与讨论，从而期望获取更加准确、完整的事实面貌，共同打造更加多元化的"意见场"。

传统的内容生产模式具备符合其时代背景与时代特征的合理性，但往往难以适应新媒体时代下媒介市场现实竞争的需求。在传统媒体将物理形态作为市场边界的时代背景下，如果其想要在不同的平台中传播同一个内容，则需要重新制作与加工。因此，传统内容生产机制本身未能体现出无效率特征，而当数字技术介入的时候，则抹平了不同媒介的形态差异，使得从采集到制作再到播出都具有更多的融合的可能性后，使节目单次播出、平台重复建设等一系列的资源浪费现象被凸显出来，所以，整合各种资源势在必行。

2. 全媒体方式的内容生产

在传统媒体与新媒体由对立向融合转变的基础上，有学者提出了媒介融合的概念。媒介融合是受众、媒介、社会发展深层次的整体趋势，媒介融合实践的较高形式即全媒体。融合不单是媒介为了找寻生存之路的无奈之举，更是媒介全面适应社会总体发展的主动转型。可以说，媒介融合源自传媒的生存危机，但是媒介融合的最终目标是结合新媒介技术，将传媒的边界打破，通过更加立体化与个性化的形式，从而体现出媒介的社会化，因此可将其视为一种"以人为本、人媒合一"的融合。

随着数字、通信、网络等一系列新媒体技术应用力度的加大，传统媒介与新媒介间所存在的技术边界日渐模糊，无论是传统的报纸、电视、广播等媒体，还是新兴的互联网络、手机等媒体，都是相互融合、相互补充的状态。在数字新媒体的多媒体与超链接形态下，不论何种单一的媒介试图以单一的方式获取受众主要的注意力资源竞争优势，都显得力不从心。为了迎接新媒体的挑战，并且紧紧跟随着广大受众日渐挑剔的信息获取心理，诸多媒体应重新整合、重构传统内容传播模式，全面构建一个能够集多种媒体介质于一体，且可以有效适应不同节目形态的全景式的播控平台。

全媒体的打造应有效实现媒介融合，但媒介融合所涉及的范围较广，包括所有权、策略性、结构性等诸多层次。根据媒介融合的具体深度，全媒体的内容生产又体现出不同的整合特点，有学者将"融合新闻"分为以下几种模式（见图3-4）。

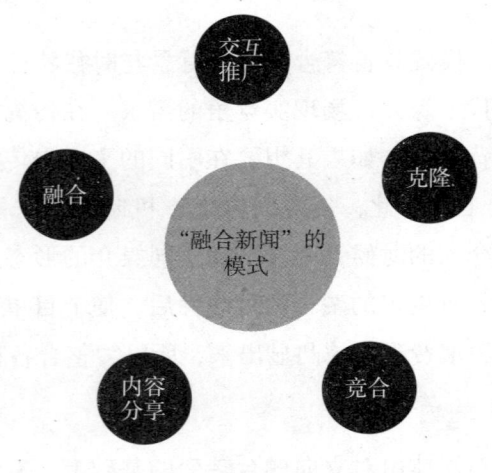

图3-4 "融合新闻"模式

（1）交互推广模式指的是作为合作伙伴的媒介相互利用对方对自己的内容进行推广，如在电视中介绍报纸的内容。

（2）克隆是指在将合作伙伴作为媒介时，完全不加改动地发布对方的内容，克隆模式确保了信息的准确传递，并使内容的传播效果达到了最大化。

（3）竞合模式指的是作为合作伙伴的媒介间存在着竞争与合作两种关系，如在某电视台节目中，一家报社的记者编辑解释或者评论新闻，某一个媒介为自己的合作伙伴提供一部分的新闻内容等。

（4）内容分享模式指的是作为合作伙伴的媒介，相互之间定期交换一些线索或者新闻信息，同时在一些与报道有关的领域中展开积极合作，如选举报道、调查性报道等，彼此之间达成信息资源的分享，甚至可以共同对报道的方案进行探讨、设计，但是各个媒介仍然由各自的采编人员独立制作新闻产品。

（5）融合模式的关键在于，作为合作伙伴的媒介从新闻采集和新闻播发两个层面上建立起全方位的合作关系，其共同的目标是充分将不同媒介的优势发挥出来，对新闻进行有效的报道。多个媒体的记者编辑组合起来，成立一个共同的报道小组，共同策划新闻报道，并且合力完成采编制作，报道小组一起商议哪一部分内容比较适合在哪个媒体上播发，做出最终的决定。

显而易见，交互推广、克隆、竞合、内容分享、融合这几种模式的整合是由简到繁、由弱到强的。虽然从20世纪70年代开始，就已经出现了媒体间的合作与联动，但是从整体上来看，大多是以交互推广、克隆、内容分享为主，依旧独立进行内容的采集制作。但是，随着媒介新技术渐渐转入传媒实践，传统的内容生产业态与流程得到了再造与重塑，内容的传播实践同样步入了全媒体阶段。比如，美国的"坦帕新闻中心"整合了传统的报纸、电台与网站等，全面构建了一体化的编辑部，并为媒体工作人员打造了开放式、圆桌式的办公空间，让所有的媒体工作人员都能够在这样的办公场所中进行统一的报道工作安排。我国也不断出现了一大批积极进行改革创新的传媒先锋，如广州日报报业集团、解放日报报业集团及成都日报报业集团等，它们通过成立全媒体新闻部、搭建数字技术平台等方式，进行了媒体融合生产，并且以流程再造、虚拟组织的运作等，有效实现了全媒体的拓展，全面推动了我国全媒体领域的发展，为业内的内容创新提供了思路，做出了表率，同时积累了大量的经验。

在数字化采集制作平台的支持下，全媒体环境具备以下优势：第一，全媒体在内容发布方面展示了其全面性，能够有效地整合和呈现每天发生的各种新闻事件，确保信息内容的丰富性和多样性。全面的内容发布方式能够让受众在一个平台上获取到几乎所有他们关心的信息，极大地提升了信息传播的广度和深度。第二,全媒体在发布手段上表现了其多样性和广泛性,作为新闻发布手段的集大成者,全媒体可以通过传统媒体,如报纸、广播、电视等方式发布新闻,并且借助现代数字媒体,如网站、网络电视台、手机报、手机电视、手机广播等,甚至是利用户外媒体来发布新闻。第三,全媒体在表现形式上展示了其全面性,全媒体不局限于文字报道,还包括图片、音频、视频、动漫等多种表现形式。多样化的表现方式大大增强了信息的可读性和吸引力,并且能够提供更丰富、更立体的新闻体验,使受众能够通过多种感官途径获取信息,增加了信息传播的效果和影响力。第四,全媒体的受众覆盖范围广泛,相比传统的单一媒体,全媒体能够触达更多的受众群体。无论是通过网络,还是通过移动设备,全媒体都能覆盖更多不同背景、不同年龄层、不同兴趣的受众群体,从而确保了信息能够更全面、更迅速地传播开来,提升了新闻的影响力。第五,全媒体的运作通过横向的播出平台和纵向的采播链条的整合优化,形成了一个高效的信息传播体系。在保持传统有效的把关机制和安全播控要求的同时,全媒体还能够迅速适应新媒体环境下的抢速度、挖深度和讲互动的竞争需求,巩固了自身作为权威内容生产主体的地位,并且在和新媒体的竞争中占据了有利位置,进一步提高了信息的传播效率和质量。

(二)商业生产主体——内容集成商

我国的互联网媒体企业是一种比较纯粹的市场主体,其进行了真正意义上的市场化运作,将盈利作为企业的目标导向,研究出了比较独特的内容供应形式,争取留住广大客户,即通过对传统主流媒体内容进行重新归类与聚合的形式,将内容集成,又由于聚合的方式与范围具有一定的差异,因此可将之分成门户网站与搜索引擎两个大类。

1. 门户网站内容生产方式

20世纪90年代末期,互联网上掀起了门户网站的浪潮,大多数的著名网络公司相继投入门户网站中。顾名思义,门户网站的意思是走进网站的大门,更具体的是指提供某一类综合性的互联网信息资源,同时需要提供与信息服务相关的应用系统。门户网站最初的功能是比较简单的，只能够为人们提供一些基础的服务，如目录服务、搜索引擎服务等，但是在面对日益激烈的市场竞争的时候，门户网站发现如果用户使用完查询服务就离开，那么门户网站本身的功能只能够作为一个"跳板"，无法从真正意义上体现出自身的价值与作用。对此，门户网站开始逐步加快了各种新业务类型的拓展，以期能够借助门类众多的业务引起广大互联网用户的关注，从而使当前的门户网站业务类型变得多样化，包罗万象，成为网络世界中的"网络超市"。结合门户网站提供的内容服务来看，大概可以将其分成以下几种类型（见图3-5）。

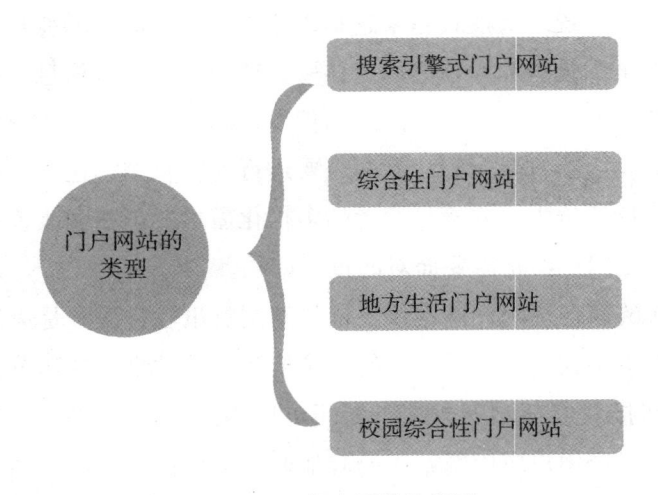

门户网站的类型
- 搜索引擎式门户网站
- 综合性门户网站
- 地方生活门户网站
- 校园综合性门户网站

图 3-5　门户网站的类型

搜索引擎式门户网站的基本功能是为用户提供强大的搜索引擎以及各种各样的网络化服务，但是搜索引擎式门户网站在我国的占比相对来说较少；综合性门户网站将新闻信息、娱乐资讯作为关键内容；地方生活门户网站在当下比较流行，将本地资讯作为主要部分，通常涉及本地资讯、同城网购、上网导航等大的频道，网内通常具备一系列比较实用的功能，如电子图册、地图频道、在线影视等功能；校园综合性门户网站与学生的现实生活比较贴近，其中有校园娱乐、校园团购及校园资讯等内容。

不仅如此，在纵向维度上还可以将门户网站分成综合类门户网站和垂直类门户网站。综合类门户网站类型丰富、包罗万象，垂直类门户网站的内容虽然相对来说比较单一化，但是往往更有深度。

纵观门户网站的发展，其一直是以商业运营导向为主。为了避免在资讯内容服务提供方面出现一些其他商业性媒体的弊端，到目前为止，大多数的资讯类门户网站尚未获得采访权，它们所刊登的资讯来源基本上都是转载和购买传统媒体内容。尽管官方新闻门户因易于监管和具备议程设置功能而备受重视，但其内容生产方式几乎复制了传统媒体的模式，这种编辑方法在 Web 1.0 时代仍具备一定的竞争力，而随着媒体环境的转变，Web 2.0 时代以数字化、即时化、个性化、互动性、多媒体、跨时空、纵深性、渗透性等特征为标志，传统编辑模式越来越难以适应这一新潮流的变化。用户如今追求的是更加个性化和互动性的内容体验，期望及时获取信息，并享受跨时空、纵深性的内容传递。相较于静态的信息，动态、多元、渗透性的内容显然更具吸引力。因此，新闻门户网站需要进行深度转型，这样才能在激烈的市场竞争中保持竞争力，并满足读者的多样化需求。创新和改善内容生产模式，是传统新闻门户网站需要面对的重要课题。

如果现在的商业性门户网站仅仅依靠新闻资讯收益服务是无法直接为互联网企业创造更多收益的，甚至有的还需要政策补贴来维持运营，而新闻资讯所产生的间接效应却不容忽视。新闻可以为门户网站带来许多的用户资源，进一步为引导用户应用网站内的其他业务类型提供了可能性，并且由于新闻可以及时、客观地呈现社会动态，所以其被赋予了社会责任的内涵。不仅如此，提供新闻服务还可以为互联网企业自身的形象增添色彩，而信誉、公信力作为企业中的无形资产是至关重要的。

2.搜索引擎内容提供方式

门户网站为用户提供了多种多样的信息资讯内容，搜索引擎则为用户提供了自主选择信息资讯内容的重要工具。虽然新闻门户站点的作用日益凸显，但是相较于互联网的海量信息，其为用户提供的内容仍然是有限的，并且受众被动接受信息不符合其应用互联网的需求。鉴于此，搜索引擎已经成为用户游走于互联网的重要工具。

搜索引擎的内容生产可用"内容聚合"模式来描述。许多搜索引擎公司本身是不生产内容的，它们只是把自身定位成了中继站，带领广大受众直达自己期待的内容。其中的"产品"本身不仅具备门户网站的技术性特点，更借助网络智能化搜索技术改变了传统的模式，实现了内容生产的自动化，并成功避免了门户网站在利用传统媒体内容时造成的侵权现象。

结合搜索引擎的发展来看，其主要经历了下面几个阶段。

第一代搜索引擎是目录检索网站，由人工进行信息整理，流程是按照预计的用户需要进行目录制作，用户在使用的过程中按照目录就能够找到自己所需要的站点或者服务类型。

第二代搜索引擎是全自动搜索，与第一代搜索引擎相比，其具有更大容量的索引，能够有效满足用户的实际需求。但是，第二代搜索引擎也存在着十分明显的缺点，即因面对信息量的快速增加，其给出的结果更加无法切实达到用户的总体需求，从根本上来看，仍然是形式对容量造成了限制。举例来说，如果用户想要具体查询某一个单位或者某一个公司的实际情况，那么除了需要掌握该公司的介绍，更需要了解其产品等诸多方面的信息，所以难以在所给的众多信息中发现自己需要的具体内容。

第三代搜索引擎与第二代搜索引擎有所不同，具有以下特点：一是更灵活，如输入电话查询信息，可以收到短信告知或者转人工查询；二是更专业，如商品搜索和旅游搜索针对每一种信息制定格式，从而有利于信息比较，便于用户使用；三是实时性更强，如一名网友在大雪天的半夜时刻在相关平台上发布了如何从机场回到市区的问题。

以上均是第三代搜索引擎中的一个部分。但因为第三代搜索引擎往往在更多的情况下是给出明确的信息，所以不似第二代搜索引擎一样使用户无所适从。

（三）草根生产主体——个人

在 Web 2.0 时代，个人可以变成生产主体。总体而言，主要特征是使每一位用户能够亲自参与网络中，帮助每一位用户在此过程中保持自由与开放，从而在真正意义上使参与者成为主体，改变其过去单纯的浏览客体的身份，使每一位用户不仅作为使用者的角色，还作为创作者与传播者的角色。Web 2.0 时代能够将生产与创作转向大众化、草根化，每一名网友都是新兴的创作力量，他们的影响日益增强。

1. 微内容生产形式

微内容是相对于传统媒体中常见的大规模内容而言的一个概念，即分散的、个体的互联网用户生产的任何数据。微内容是最小的独立的内容数据。[①] 微内容涵盖了互联网生态中的各类数据单元，如博客中的一篇网志、社交媒体上的一个关注或点赞、视频网站上的一则评论等。微内容既可以是简短的文字信息，也可以是音频文件、视频文件，甚至是用户的一次点赞，这些都可以看作微内容。

微内容的普及使信息传播和交流变得更加便捷，传统媒介中的大制作内容，如新闻报道、专题文章或影视作品，需要经过编辑、校对、审核等多个环节，微内容则更为灵活和快速。互联网用户可以随时随地生成和分享微内容，无须太多复杂的步骤。此种信息生产和传播的快速性，使微内容得以广泛应用并不断增长。同时，微内容的创作门槛较低，几乎每个互联网用户都可以成为微内容的生产者。一个简单的社交媒体帖子、一段短视频的发布，或者仅仅是转发一个有趣的链接，都能够构成微内容的一部分。此种全民参与的信息生产模式在极大程度上丰富了互联网内容的多样性，同时使信息传播更加及时和广泛。从商业视角来看，微内容也为企业和品牌营销提供了新的思路和手段。企业可以通过发布简短且有趣的内容，迅速吸引用户注意力，提高品牌曝光度。例如，一家餐厅可以通过每日发布精美的菜品照片吸引消费者，一家健身房可以分享会员的成功减肥案例。如果对微内容的生产形式进行具体划分，基本上可以归纳成两种类型（见图 3-6）。

---

① 王鲁美. 媒介融合下新闻传播的创新发展 [M]. 长春：吉林文史出版社，2023：112-113.

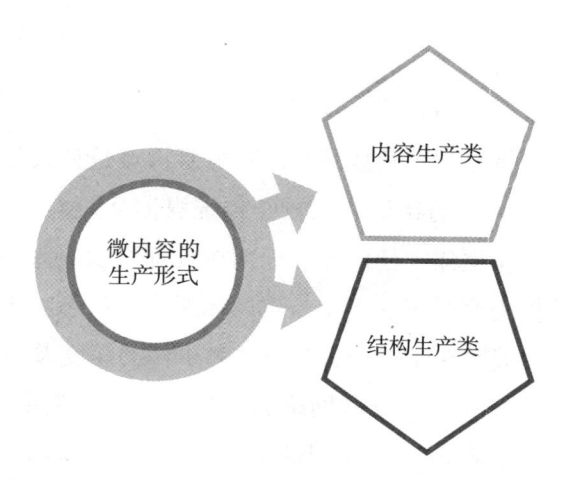

图 3-6　微内容的生产形式

顾名思义，内容生产类主要指的是为网络提供的一些具体的产品形式，如一篇心得日志、一段视频录像等。如果说内容生产类的贡献是有形的、直接的，那么结构生产类的贡献则是无形的、间接的。结构生产类指的是互联网用户在参与互联网活动的过程中形成的任何形式的数据，不一定是人们能看得见的，如一个页面的打开、关闭或者一次置顶等，均可作为结构性生产，虽然用户一系列相关的行为并未提供一些实质性的产品，但是其点击率指标将会对网络市场中的结构与秩序造成直接的影响。人们目前更多的关注内容生产类，这主要是由于内容生产类的表现形式更加主动积极。

Web 2.0 时代的信息传播以微内容为基础，它主要是结合管理、分享、迁移相关的微内容，从而进一步将其组合成为各种各样的有趣化、丰富化的应用。从早期的微内容来看，其散乱、零星地分布在互联网的各种应用中，所产生的影响并不大。由此可知，微内容基本上都是一些无关紧要的东西。但毋庸置疑的是，传统媒体的民生新闻既然能够立足于人们的现实生活，将普通百姓的琐碎小事做得风生水起，那么网友则能够依托于传播平台和渠道打造出属于自己的民生报纸或者民生电视台。虽然网友往往被视为毫无秩序的大众化群体，且与传统媒体相比具有较小的影响力，但结合事实来看，当点点滴滴的微内容通过更加系统化的模式出现的时候，就表示开启了一个全民出版的时代。

2.自媒体传播形式

通俗来讲，自媒体是"草根媒体"，其主要特点是私人化、平民化。自媒体本身具有社会化生产的特征，相较于传统媒体从业人员的专业化背景，自媒体没有明确的创作主体，任何人、任何机构都可以成为自媒体的创作主体，所以其内容的覆盖面更深、更广。自媒体所产生的影响不单纯以单个精英的制作能力为主，关键在于整个大众群体对事件的深度参与。

自媒体本身以有线和无线互联网络为基础，能够实现现代化传播手段。现代化传播技术能够突破时间与空间的限制，使信息发布更加准确、及时，并且更加智能化的平板电脑、手机终端为无所不在的自媒体发布信息提供了必要条件，便于人们接收最新的信息。在面对社会中的一些突发性事件时，自媒体由于本身的"人人皆媒体"特点，所以发布信息总是先人一步。显而易见，这是传统媒体难以实现的。

自媒体还是一种融合机构，并具有以下几个特点（见图3-7）。

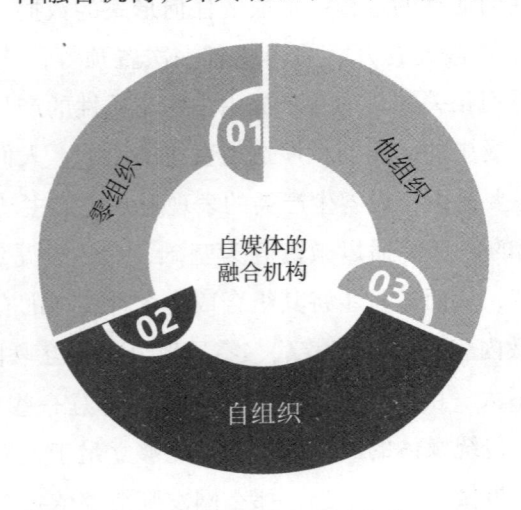

图 3-7 自媒体的融合机构

零组织意味着自媒体是独立存在的，不依托于任何传统的组织关系；自组织指的是一些人群以自发的形式构成了群体性的组织；他组织是相对于零组织和自组织而言的，零组织和自组织主要通过他组织步入新的系统之中，所以其组织形态是显而易见的。众所周知，自媒体主要是为大众或者个人传递多元化的信息，自媒体中的信息发布者扮演了策划、记者、编辑等多个角色，他们所发布的信息内容与传统媒体有所不同，没有经历传统的生产制作流程，并且组织完全被消解，所以是零组织。

事实上，自媒体因为一些元素的存在渐渐构成了新的组织形态。例如，"群"这一组织形态，主要是因为人们自身的一些经历、文化素养或者兴趣爱好等，自愿聚集在一起，为了共同实现某一个目标，或者分享信息而建立了自组织。虽然有着群主或者管理员等多重角色，但是一般情况下，他们是不具备一般社会组织管理者所具备的义务或者权利的，所以，这是一种灵活的、虚拟的、随意的组织形态。零组织和自组织的平台则是他组织。自媒体本身并非"无源之水，无根之木"，自媒体物理平台的日常维护与运营均需要较高的成本，这是自媒体个人无法承担的。因此，站在宏观的角度上，可以说自媒体是商业性的，是他组织有效获得企业利润的一种有效措施与手段，作为企业本身，他组织没有理由免费为广大群众提供一个网络公共平台，随着原创内容源源不断地涌现，从而成为公众应用此平台的筹码。他组织的工作与任务主要是通过置顶推荐或者名人微博等方式，尽可能将影响扩大，并使这些相关内容能够更加广泛地吸引人们的注意力，进而达成盈利的目标，这也正是自媒体本身影响力的主要来源。

当前，诸多线上平台已经成为自媒体的主要表达渠道，但随着个人用户深入应用互联网工具，个人门户类网站渐渐成为自媒体的新兴载体。为了巧妙融合高度智能推送、个性化聚合等特征，一些媒介开始融合具有个人门户的特征，这也表示自媒体取得了逐步发展，被用户更加深层次地应用了。

3. 聚媒体的影响

聚媒体是立足于自媒体之上的深度应用。聚媒体是指有某些共同特征或有某些共同观点的人群，结合自媒体的方式，向着特定的个人或者不特定的群体进行信息传递的现象。

聚媒体除了拥有自媒体的基本特性外，还具备寄生性和舆论导向这两大内在特征。聚媒体可以依附在各种微小的媒介上，不限定于传统的博客和论坛，一些匿名评论也能成为聚媒体的表现载体。聚媒体的显著特点是常常反映出集体意愿，而不仅仅是个体的声音。此种表象所辩论的话题通常与人们的日常生活紧密相关，能够渗入表象世界的每一个角落，激发文化动力，为社会注入和谐的元素，从而更加契合希望听到广大民众内心声音的这一需求。与传统媒体相比，聚媒体具备了无法替代的功能。传统媒体通常是单向的信息传播，而聚媒体更像是多向交流的平台，能够更加鲜活地展示社会的多样性和共识，结合形式多样的互动，满足媒体在社会中的作用。

各大网站热点新闻后面跟随的网友的评论是聚媒体的突出表现形式。与部分博主过于关注浏览量相比，前者因评论机制的匿名，使广大网友更加愿意吐露自己的心声。个体能够在聚媒体中找到群体，将多个人的声音汇聚在一起形成一群人的声音，将个人的意见连成群体的意见，这就是聚媒体自身的功能所在，能够使个体快速聚集成团体，增强民众"和声"的传播力与影响力。

与其说聚媒体是一种媒体，不如说是自媒体发展至一定的程度与规模之后，自然而然形成的一种聚合式的表象，其意义与价值甚至已经远远超过了自媒体本身。当微内容时代转变成聚媒体时代以后，将会彻底颠覆社会的话语格局。这时，草根的影响力不仅在于其产生了内容，关键在于具体内容影响力的集合式的呈现。以此为前提，去中心化与碎片化的草根表达形成的作用被体现了出来，真正意义上成为推动社会变革和进步的重要力量。可以说，聚媒体是一种自媒体发展下的伴生物，同时是自媒体对社会造成一系列影响的关键所在。

二、传统媒体内容生产模式的革新

随着新媒体技术的出现，传统媒体迎来了巨大的转折，同时产生了前所未有的生存压力。人们对新兴事物的认知应一分为二地看待，新媒体在对传媒生存空间造成挤压的同时，也为传统媒体的革新提供了技术空间。一些传统媒体将内容生产作为核心，其对于内容生产模式升级和再造极为迫切，并且能为空间提供创新路径。

（一）坚守"内容为王"的理念

学界与业界对有关于媒介本身的价值定位存在着很大的争议，各种各样的观点与说法也是层出不穷。其中，一些人基于传统媒体版面、电波频谱等资源的有限性提出了"渠道为王"的理念，他们认为掌握了渠道也意味着在一定程度上控制了受众。但是，近年来由于一些替代性媒体崛起，媒介组织无法实现绝对的垄断渠道，迫于生存的压力，传媒人需要重新审视自我的价值定位。传媒的价值优势主要体现在内容生产方面，因此应重塑"内容为王"这一价值理念。在新媒体不断发生转型与变革的背景下，"内容为王"的价值观念也重新具备了新的内涵。

不论科技的进步与发展程度怎样，或者媒体的样态产生怎样的改变，广大受众对内容或者信息的根本需求往往无法产生变化。长久以来，传统媒体打造的品牌影响力、媒介公信力等具有得天独厚的优势。因此，坚守"内容为王"的理念，在媒介发展与媒介竞争中能够占据独特的优势，而"内容为王"的价值回归理念也并非提倡传媒固本守旧，而是通过新的传播形态、传播技术以及传播介质等为"内容为王"赋予新内涵，也就是与内容数量相比，更加关注内容的质量，与事实提供相比，更加关注观点的解读等。

众所周知，新媒体为当今社会带来了巨大的转变，实现了受众的解放，受众已经逐渐转变了自身的角色，从被动地接受变成了主动表达，人人参与内容创造而导致的直接后果是出现了信息泛滥的情况，社会又由于丰富且个性化的表达变得更加碎片化，而一个无序的社会正是能够充分体现"秩序重塑者"自身作用的地方。在当今信息爆炸的新媒体时代背景下，传统媒体作为内容提供者，其核心能力是从过去关注事实层面过渡至关注价值判断层面，从而可以在思想杂乱、资讯爆炸的时代背景下有效满足人们精神层面的需求。

（二）从人工到数字的内容管理模式转型

内容着重强调对象本身，管理则更加强调实际方式。管理实际上就是施加在内容对象上的具体处理过程，包括收集、确认、整理等。简单来说，数字化内容管理就是将计算机技术、数字网络技术及数据库技术作为基本手段，对内容实施收集、确认、整理等处理，以满足内容的标准化、通用化与智能化处理的实际需要。

在新媒体时代，传统媒体的内容管理已经由最初的"模拟"转变为"数字"，此种转变的过程带来了无限可能，进一步促进了传统媒体节目的内容创新。

在进行了数字化的内容管理之后，不同类型媒体间、同类型媒体的不同节目间均能够轻易重复使用节目内容，这样一来，为内容资源的集成创新和跟随创新奠定了基础。软件供应机构提供的信息资源管理系统可以使内容管理出现转变，落实对非结构化数据的管理工作。由于传媒业的非结构化数据占比较多，所以可以在媒体的节目内容采集、内容生产、内容共享制作等多重环节中渗透数字内容管理。甚至可以说，传媒业的产业系统实质上是围绕着内容生产的管理系统，而新媒体更是如此。新媒体时代的节目内容的集成创新与跟随创新，如果离开良好的数字化内容管理平台是不可想象的。

数字内容的管理有利于实现媒体内容的共享，并在无形中提升内容生产的质量与效率。比如，新闻节目对采编系统、数据库、互联网中的内容进行全面的管理，从国内、国外或者其他媒体的报道等多元化视角看，对所采集的新闻信息重新进行审视，并且以纵深化方式对该新闻事件进行报道，则可以全面提升新闻节目的质量，强化多个媒体之间的协作能力，进一步增强媒体整体的经营效益。就目前来说，已经有更多的新闻板块化编辑采用此方式。

数字化内容管理在提升信息服务方面展现出了很大潜力，对传统媒体探索更多元化的盈利模式大有裨益。媒体行业通过数字化内容管理可以获得两个显著的优势：一是能够拓展服务受众，传统媒体的服务对象不再仅限于普通读者，还可以覆盖企业和政府机构；二是能够实现信息服务的个性化。具体而言，按需出版、智能推荐和即时互动等方式都能得以实现，此种以满足小众需求为目标的"长尾出版"无疑是个性化内容服务的最佳实践。例如，根据大数据分析了解、掌握用户需求，媒体可以为企业和政府量身定制专属的信息服务，既能够提高服务质量，还能显著提升用户满意度；个性化服务，如智能推送可以根据用户的兴趣和需求提供定制化内容，增加用户黏性；即时互动服务则能为用户提供实时反馈和交流平台，使互动更加便捷和高效。

（三）从公共到私密的内容传播

改革开放之后，我国社会获得了快速发展，受众的社会结构与消费结构产生了分化现象，受众内在的个性价值需求渐渐增强，再加上我国媒体产业本身属性确立的推动，以用户实际需求为导向的生产理念开始形成。20世纪末，我国的传媒业已经走进了多频道时代、"厚报"时代，这意味着分众传播意识已经走进了实践阶段。从当前的现状来看，数字技术的快速发展在潜移默化中产生了多样化的传播渠道，进一步增加了分众传播的压力。

从空间属性的角度进行研究，可以将新媒体的生态空间分为三类，且每个类别空间有着独特的属性要求：第一类是公共空间，具有高度开放性，如大型商业广场、公交车等，提供默片式图文信息服务，演化趋势是无声公益广告、交通、就业等；第二类是灰色空间，具有半开放、半私密性，也称为中性空间，如有着独立视频服务系统的飞机机座、大开间办公室中被非正式隔开的个人办公空间等，提供智能化视频点播服务，其演化趋势是娱乐影视远程视频教育等；第三类是私人空间，具有高度隐私性，如卧室、书房等，提供个性化视频订制服务，其演化趋势是视频聊天、在线游戏、远程会议等。

根据新媒体空间的划分与属性要求，在媒介空间中，基本上所有的媒介都处于高度的私密空间和开放的公共空间中，形成了两种极端。媒体在由公共性逐渐转变为私密性的同时，其内容形态同样发生了一定的转变，从"旁观者"变成了"参与者"。在将来，以不断完善的互联网信息搜索和链接技术为依托，传统点对面的"批量生产"模式将会逐渐被一些能够结合用户信息偏好的新媒体所取代。

第三节　新媒体技术与媒介经营的创新

一、受众变化产生的新型营销策略

无论是媒体组织还是广告商，在进行营销活动的时候，都应充分围绕受众开展传播活动，受众是营销的基础与主体，是传播者不可规避的关注对象。

媒体的核心是信息采集与生产。长久以来，受众的参与与反馈渠道不足，传统的大众传播媒介内容生产导向标准中未能有对受众需求的切实考量，广大受众也渐渐习惯了被动接受媒体的信息内容。但是，随着我国改革开放的深入推进，媒体以社会、技术与市场环境为依托的做法已经变得不受用，来自社会、经济与技术等多个层面的因素，影响了媒介对受众形成更加清晰的认知需求。

社会正在经历一种显著的分化与"碎片化"趋势，社会结构也变得愈加多样化。社会分化为商品市场的细分奠定了基础，并且对媒介消费领域产生了深刻的影响。社会分化实际上意味着社会各阶层在经济地位、文化背景、生活方式等方面的差异逐步增大，多样化的社会结构会直接影响到受众的媒介消费行为和需求。每一位社会成员在其社会角色中都有特定的身份和定位，从而使他们对媒体产生不同的期望。因此，随着社会结构的不断分层，受众的需求也变得更加多元化和个性化，受众异质化的需求自然会推动媒体内容与服务的进一步细分和多样化发展。

媒体消费的分化重新定义了传媒营销的目标市场，使其面临一个强制性的重构过程。例如，年轻人可能更加偏爱社交媒体和短视频平台，中老年人则可能倾向于传统的电视和报纸。同时，不同社会群体对内容的接受程度和兴趣点也有所不同，如都市白领对新闻时事和财经资讯较为关注，学生群体则可能更热衷于娱乐和学习资源。媒体机构为了满足不同群体的需求，必须不断调整和优化自己的内容和服务策略。

随着网络信息技术的发展和社交媒体的普及，个体的声音和自媒体平台的影响力逐渐上升，在很大程度上拓宽了信息传播的渠道，加剧了信息的碎片化，使传统媒体和新媒体在内容制作及传播方式上均需要更灵活地应对变化。为了适应这些趋势，媒体机构需要在内容生产中更加注重个性化和精准定位，结合大数据分析和人工智能技术，细化目标受众，为其提供更有针对性和个性化的内容和服务。

经济层面导致的媒体营销策略产生改变的原因更加复杂多样，总体上有以下几方面因素：一是媒介市场化发展的走向，具体表现在20世纪90年代之后，我国媒体经济属性回归；二是经济中的生产与需求之间的相互联系出现了革新，也就是媒介市场由短缺经济渐渐走向了过剩经济，媒体之间的竞争逐渐变大，从而产生了对受众资源的争夺及对产品定位的实际需求；三是传媒产业经济运作本身存在的特殊规律产生了一定的驱动力，即注意力经济，媒体产业需要向广告商销售一定规模的受众注意力资源，以期获得利润，当受众的需求由趋同向分化进行转变的时候，媒介更需要转向深度把握少部分目标受众；四是经济范式的转变，媒体由基于标准产品的规模经济逐步转向了基于多种关联产品的范围经济；五是媒体竞争策略的现实需求，如实施差异化、目标集中、长尾营销等策略的现实需求等。

从媒介技术的发展情况来看，媒介的碎片化和社会的碎片化是相互对应的。媒介碎片化主要可以分成两种（见图3-8）。

图 3-8　媒介碎片化的分类

同一媒介的碎片化是指媒介或者渠道增值所产生的多元化选择，不同媒介的碎片化是指进入媒介系统中的新媒体技术为消费者带来了更多的选择，扩大了传统媒体消费者跨媒介内容选择的具体范围。媒介碎片化的划分方式在着重体现媒介多元化类型的同时，使人们看到了受众选择也在不断朝着多元化的方向发展。

（一）个性服务策略

传统的大众传媒是水平相对来说比较低的规模经济，借助掌握渠道能够有效获得大规模的受众资源，但存在着十分明显的弊端，即对广告商的依赖性将会使受众处于弱势地位，从而导致一些节目的制作难以满足受众的喜好或者需求。对于广告商来说，受众数量可以确保广告能够达到人群数量，如果受众的定位不够清晰，那么广告则不能传播到有实际需求的目标消费群，导致在较大程度上浪费了投入的费用。

目前可替代的媒体数量逐渐增多，传统媒体如果想要将原有规模的受众聚集起来，其付出的成本是十分巨大的。因此，许多媒体开始将数字技术与网络通信技术作为基础，注重深入挖掘单一受众价值，争取全面构建一种基于个性化服务的规模经济模式。通常，此模式以多样化媒介产品的开发为依托，能够在较大程度上满足受众的个性化需求，而不再是单纯依靠巨大的市场覆盖，往往更加强调对目标受众的绝对性占有，结合对目标受众价值的纵深挖掘，在售卖产品与衍生产品的过程中获得收益。不仅如此，因为目标受众群体有着明确的定位，且有一定的受众数量，可以更加精准地投放广告，从而能够在较大幅度上降低费效比。

（二）长尾营销策略

如上所述，媒介碎片化能够赋予受众更多的渠道选择，那么受众碎片化则可以进一步使更多复杂多样的产品与服务需求出现，当广大受众的形象逐渐从群像转向碎片化的时候，明显可以看出传统媒体的"线性式"喂养形式难以与广大受众的"点状式"媒介接触习惯相契合，即受众因为自己的喜好希望能够排除一系列有关因素的干扰，这样能够使其产生更加精准、直接的消费体验。除了适当增加一些个性化服务外，不断改进、丰富传统的传播模式同样重要，长尾营销策略的出现恰到好处。

最初，"长尾"概念由克里斯·安德森（Chris Anderson）提出。安德森在研究中发现，大约有80%的非热门商品如同一条长长的尾巴，遍布于网络世界中。尽管这些商品没有庞大的营销预算，但依然在市场中占有一席之地，并且拥有支持者的购买。正是一些平时不太引人瞩目的商品，因为时间的积累，往往能创造出与热门商品相匹敌，甚至是超越它的可观业绩。长尾理论实际上解释的是一种丰饶经济学，即当文化中的供需瓶颈逐渐消失，消费者能够方便地获取到所有他们需要的产品时，长尾效应自然就会发生。长尾营销有以下几个前提条件（见图3-9）。

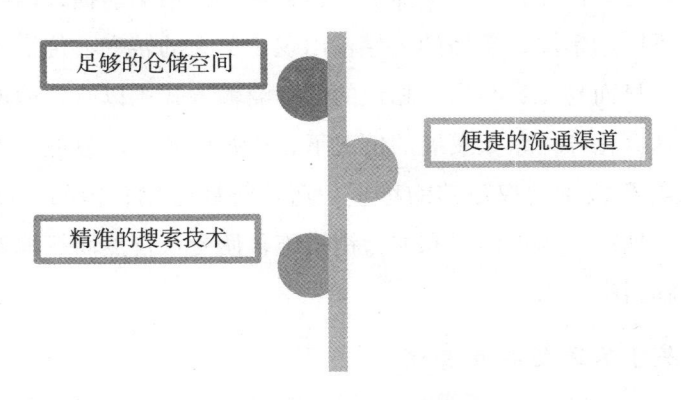

图3-9 长尾营销的前提条件

长尾营销和传统媒体的营销方式有一定的不同，其成本基本上与受众的数量无关。究其原因，并不是所有的人都需要这些冷门商品，而仅仅是能够满足专门的需要或者小众的需要。因此，不需要媒体有太多的主动推广的过程，当用户产生一定需求的时候，他们就能主动上门寻找。

传统媒体应紧跟时代潮流，抓住机会，实现以下两方面的转变：落实现有渠道的双向化与数字化改造，构建更加高效、便捷的传播渠道；落实内容产品方面的数字化转型，结合手机、网络等不同终端的使用特点，全面实现节目的碎片化处理，结合不同的专栏或者不同的主题合理分类，便于受众结合自己的兴趣爱好精准检索信息内容，扩大媒介产品本身的覆盖面，并提高其重复使用率。

二、传播模式变化产生的新型营销策略

Web 2.0 技术的诞生与兴起在无形中带动了博客、在线论坛及社区等自媒体平台的发展，并且使之与人们的现实生活相互结合，已经深深融入人们的生活中，成为炙手可热的媒体类型。之所以说自媒体是热门，根本原因是其具备社会化的特点，进入门槛没有明确的限制，并且可以随意编写文本，具有实时便捷的信息发布和反馈机制。这意味着任何人都能够平等地参与进来，所以此类媒体又被称为"社会化媒体"。

传统媒体时代往往将大众传播模式作为媒介营销的前提，但在新媒体时代却出现了不同的情况，传播的主导权出现了莫大的转变，传媒市场逐渐以买方为主导。显而易见，与广告相似的品牌灌输方式难以有效博取受众的好感，在当今社会化媒体繁荣发展的情况下，传媒应将身段放低，给予受众的自主选择权与积极主动权足够的尊重，巧妙将社会化媒体的互动性应用起来，并借助更加隐蔽与更加柔和的营销措施，使受众自然而然地参与传播与塑造媒介品牌当中。

（一）基于沟通的关系营销

关系营销是指将营销活动作为一个企业和供应商、竞争者、消费者及其他诸多的公众产生互动作用的过程，核心是建立与公众间的良好关系。早在

1983年，关系营销的概念就已经被提了出来，这并非一个新兴的概念。当时，人们逐渐明白了单纯依靠交易营销而建立起品牌的忠诚度是远远不够的，不仅不稳定，而且许多交易还属于一次性行为，为了增加产品和服务的回头客，确保企业生意兴隆，以及与消费者建立融洽的关系，建立积极的沟通成为许多企业追求的重要目标，并且关系营销被正式纳入营销实践中。

虽然关系营销并非新兴概念，但在当今社会化媒体快速发展的时代，关系营销有了新的演绎。社会化媒体本身的互动性高度契合了建立在良好沟通基础上的关系营销，成为众多企业大力推广自身品牌、建立与用户良好关系的重要平台和工具。

1.媒体与受众间新兴媒体的公关

媒体公关的主要目标是使公众对组织形成良好的印象，并使公众能够积极接受媒体产品和服务。人们在接受某一项新事物的时候，往往会经历以下几个过程（见图3-10）。

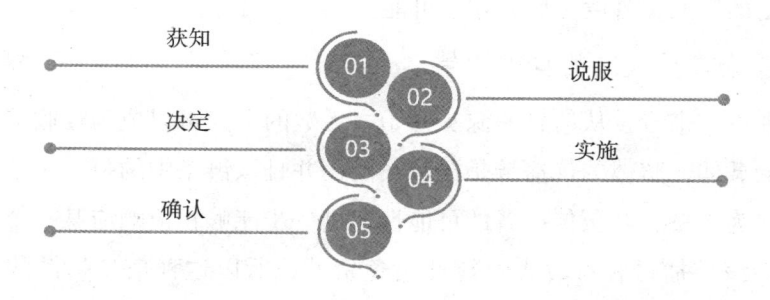

图 3-10　人们接受新事物的过程

结合人们接受新事物的过程可知，一项媒介产品想要成为广大受众购买时的首选，就要使受众在心中树立起较强的品牌美誉度。传统的媒介公关往往难以达到此境界，品牌宣传形式最多达成了初级阶段，在比较关键的说服环节中就显得力不从心。事实上，如果传统媒体或者新兴的社会化媒介只采用广告运营的方式，那么通常就只能解决品牌营销中的某一个具体阶段的传播需求。因此，媒体应拓宽视野，采用互动营销的思路，以适应现代媒体公关的实际发展趋势。

想要在新媒体环境中进行有效的公关管理，必须采用更新颖的思维方式。传统媒体公关通常注重内容的到达率，但此方法在新媒体平台上并不奏效。社交媒体依赖点对点传播，因此传统公关策略需要因地制宜，调整为适应新媒体的特性。公关的受众也能够改变自身的地位与角色，积极参与公关活动，借助互动使信息传播得更加广泛。因此，如果能够巧妙把握这一特性，新媒体的公关活动则能够实现目标受众的有效覆盖，并且可以借助受众的参与，实现信息传播范围的扩展，最终，达到前所未有的传播效应。

巧妙借助社会化媒体进行营销，不仅费用较低，而且有着无限层级的传播扩散特点，但想要全面提高其应用效果，离不开用户对上传者及其所创建的自媒体账号的信任，这种信任则需要通过不断地沟通与交流来建立。因此，新媒体营销的本质是一种对话型的营销，主要是以情感穿透为主的一种方式。想要令广大受众保持对一种媒介产品或者服务的依赖性并坚定选择，那么只有满足其基本诉求，同时引导其形成比较高的消费体验，也就是能够达到一定的产品美誉度之后，才有可能实现这一目标。

2. 受众与受众间的口碑营销

从理论上来看，从信息的源头开始，无数的个人可以成为接收信息与传播信息的载体，整体的传播链是比较长的，并且该链条中的每一个信息接收者均有成为消费者乃至传播者的可能性，进一步能够积极响应某一个商业性的活动，该传播过程有较大可能性是免费的，所以这种信息扩散的形式被称为"病毒传播"。在业界内，通常将"病毒营销"称为口碑营销，具体来说，是指企业基于对市场需求的全面调查与了解，为广大消费者提供契合其实际需求的产品或者服务，并且能够及时制订口碑推广计划，令消费者对公司产品与服务形成良好的评价，并且能够积极主动地进行传播，使人们能够通过口碑了解产品或品牌，进一步提升产品或品牌的市场认知度，从而使企业实现产品销售与提供服务的最终目的。口碑营销与许多的营销方式相同，实际上早已产生，如地方特产、企业品牌战略等，均具有一定的口碑营销因素。口碑营销作为关系营销的一种，与网络新媒体的社会化特点相似，而且产生的实际效果更加明显与直观，所以新媒体在口碑营销方面发挥的作用非常大。

传媒界中，对电影、电视剧或者图书等媒介产品的推广更多地应用了"病毒营销"。如今，几乎所有的电影、电视剧，甚至是图书都有着官方微博，从开始制作到制作完成，整个环节都得到了持续的关注，其间各种各样的活动都能够引起广大群众的重视。

综上所述，口碑营销是建立在人与人之间相互信任的基础上而进行的营销策略，能够突破传统产品或者服务广告造成的心理障碍，为产品增加感情因素，更有利于被人们选择，并且能够引起每一位感兴趣的人的关注，使之能够自然而然地参与对产品信息的传播当中，口碑营销自身的优势与特点是传统营销方式无法达到的。口碑营销一般会经历两个阶段（见图3-11）。

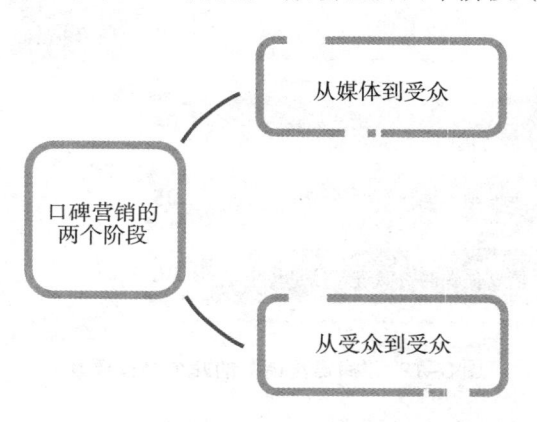

图3-11　口碑营销经历的两个阶段

从媒体到受众阶段着重强调了媒体组织的行为，其本身的整个传播过程可以说具有较强的可控性。从受众到受众阶段则重点强调了接受者之间的个人行为，可以将之视为一种受众的自觉性，从某种意义上说，这是组织行为的延伸，所以在一定程度上，从媒体到受众与从受众到受众具有互补性。

针对目前的实际情况来看，受众作为重要的参与方，在信息扩散的阶段具有更多的主动性。因此，媒介组织应对受众的自主权给予足够的关注与尊重，争取在第一阶段做好一系列准备工作，为受众提供物美价廉的产品和服务；同时，借助社会化的媒介渠道与受众建立感情，进一步促使消费者积极主动地参与第二阶段过程。只要媒介组织正确坚持"正面"的操作，即使是在面对一些不满的口碑或者一些负面的信息内容时，其也可以在媒介组织的良好态度下转化成正面的东西，进而转变为推动相关产品扩散的内在驱动力。

从口碑营销的过程来看，媒介组织应明确自身可作为的方面，"病毒营销"的几个必备要素恰好符合营销主体的关键要求（见图3-12）。

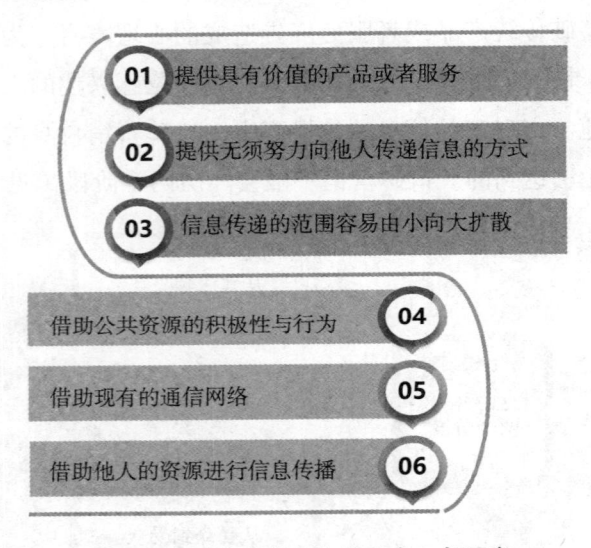

01 提供具有价值的产品或者服务
02 提供无须努力向他人传递信息的方式
03 信息传递的范围容易由小向大扩散
04 借助公共资源的积极性与行为
05 借助现有的通信网络
06 借助他人的资源进行信息传播

图 3-12 "病毒营销"的几个必备要素

（二）基于参与的卷入营销

在以当今以互动新媒体为核心的跨媒体营销时代背景下，众多媒体为了适应媒介市场变化局势采取了卷入营销的措施。卷入营销指的是以受众为重点，将受众转入品牌或者产品信息的分享与互动过程中，从而有效强化其认知度与体验度，最大限度地提高传播效果，进一步达成成功营销的目标。基于此模式，怎样令广大受众自觉卷入，并且有效参与营销互动模式，成为营销主体应重点思考的一大问题。

1. 以策划为主导

策划是指人们为了达成某一个目标，采取科学有效的方式或者艺术表现力，不断进行构思、设计和制作方案的过程。策划的主要目的是转变企业的现状，从而实现营销的目的，并且通过科学有效的方式和创新性的思维方式，立足于企业原有的营销情况，纵观全局，对企业将来的营销发展做出战略性的指导与决策。因此，策划的过程实际上具备较强的前瞻性、创新性、全局性等特点。在市场体系的构成中，媒体市场是比较重要的一部分，媒体的营销策划更是市场营销策划的关键分支，因此营销策划应自然而然地适应媒体产品的特点与服务形式。

策划作为营销目标实施的重要指导标准，有着重要的作用，且策划作为营销活动的指导性纲领，对于有效实施营销目标具有引导性的作用。策划的过程需要企业切实结合具体的市场环境变化及企业本身的资源情况等进行全面思考，并且做出相对应的发展规划，从而进一步促进产品销量提高，促进企业高效盈利。从媒体市场来看，受众的卷入欲望与互动需求更加强烈，这是新媒体时代背景下较为显著的特点。如果说传统化的营销策划方式是先构思出好的创意，再使数字新媒体保持活跃，那么新的方式是令新媒体构建出符合人们日常生活的内容，再借助传统媒体的配合进行营销传播，而有机融合传统媒体与数字新媒体的卷入营销恰好是营销策划调整的真实体现。

在卷入式营销中，媒体需要结合营销的主题内容，创造性地将营销内容进行组合，全面打造出一个意象，促使受众与之产生情感或者行为方面的联系，进一步有效实现成功营销。在此过程中，策划占据着主导性的地位，其主要目的是将受众卷入其中，而卷入是一个将媒体产品特性与个体、情境等相互连接起来的比较复杂的整体，所以对媒体或者媒体产品与受众的关联性进行策划，并且使之产生感知，这是极为重要的。卷入式营销通常将人际传播与大众传播作为基础，体现出不同的力量，所以在策划阶段必然需要将人际传播模式与大众传播模式作为基础，如果缺少大众传播的力量，那么人际传播则无从谈起。

卷入营销注重传统媒体和新媒体之间的合作，所以，不论哪种媒体都无法做到与其他媒体分割开来或绝然独立。传统媒体的优势是有着社会化传播的特点，能够制造话题，并且能够结合传统渠道产生的影响力与公信力，在瞬时形成社会舆论。社会化媒体可以激发受众进行广泛的讨论,引起他们的关注与重视,从而引导受众强化对话题核心内容的记忆与认知程度,使其可以在不知不觉中实现品牌传播。因此,只有将传统媒体与新媒体建立紧密的合作关联,充分使其发挥出自身的媒介特质,才可以对一次成功的卷入式营销进行科学策划。

2. 以创意为核心

在新媒体环境下,受众不只是信息的阅读者,借助相关互动媒体的作用,受众已经渐渐变成了信息的传播者,甚至可以说,受众本身所产生的影响不亚于传统的主流媒体。

新媒体由于本身精准的定位特点受到了营销者的广泛重视,但在实际应用新媒体进行产品营销的过程中,远比想象中的更加复杂。结合媒介的"空间属性",许多媒体在具体使用的过程中往往更加注重隐私化与个人化,并且由于其自主权限的逐渐增大,这些受众对产品宣传的承受力与传统媒体的使用者相比来说要更低。这主要是由于传统媒体或者一般的门户网站中,阅读者自身的心理也是典型的受众心理,其享受了免费的信息服务,所以不得不承受附加的广告成本。

无论是在大成本推广中,还是在小成本推广中,新媒体的营销方式已经被普遍应用,虽然新媒体营销的模式并不是最新的,但其中的一些创意能够激发受众自觉参与的积极性。值得关注的是,创意和其他无形资产具有一定的区别,这是一种独享品,更是一种一次性的消耗品,任何一种产品均应结合产品特色及受众特征进行独特的创意设计。

第四章　数字化时代背景下的传媒产业及其创新

第一节　数字化时代与我国传媒业分析

一、数字化时代的新模式

传媒产业的数字化转型涉及新媒体的崛起、传媒机构的数字化、传统媒体的数字化、传播与接收活动的数字化。虽然一些传统媒体应用了数字技术，但是其根本形态与性能未能产生质的变化。而随着广播电视进入互联网或者宽频有线电视网，受众可以自主进行点播、下载与保存，从而具备了新媒体的性质。[①] 数字化时代缩短了大众传播的传播时间，拓展了传播空间、内容与形式，且便于受众使用，带来了更多的传播与经营的新模式。

（一）数字化时代的传播新模式

数字化时代背景下，可以从以下几个基本要素考察其传播新模式（见图

[①] 吕丽青，汤云敏. 数字化时代的传媒产业研究［M］. 长春：吉林出版集团股份有限公司，2023：129.

4-1)。

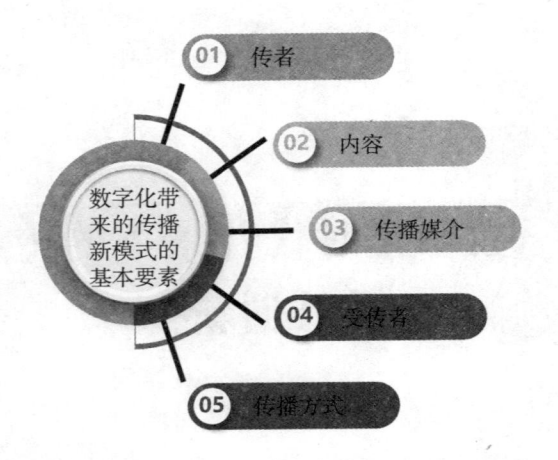

图 4-1 数字化带来的传播新模式的基本要素

- 01 传者
- 02 内容
- 03 传播媒介
- 04 受传者
- 05 传播方式

从传者视角来看，数字化时代改变了大众传播的传者。过去，大众传播的传者通常是专业化的媒体组织，数字化时代则扩大了传者的范围，移动通信运营商、网络服务商等均有成为大众传播的传者的可能性。在 Web2.0 时代，普通人也可以借助现代化网络或者手机媒体等形式，通过个人网站、博客等自媒体，实现点对面的传播，成为大众传播的传者。

从内容视角来看，数字化时代能够使信息与观点多元化、全面化，使人们有充足的平台表达自己的见解，且在无形中影响了传统媒体的议程设置。许多记者编辑常常通过各种博客或者网站寻找报道或者评论线索，已经有许多议题火爆于网络传播中，之后再通过传统媒体进行报道。一些边缘化的或者弱小的媒介内容，也能够通过网络渠道走进全社会的视野中。

从传播媒介角度来看，数字化时代带来了手机媒体和网络媒体的风行，并且在无形中推动了各种各样媒体的有效融合，实现了人际传播、大众传播及群体传播的有效融合，甚至达到了万物互联、万物皆媒的境界。

从受传者角度来看，数字化时代能为受传者赋予前所未有的传播自由度与主动权，甚至使他们随时随地成为传者。

从传播方式角度来看，数字化时代使大众传播发生了改变，由单向传播逐渐变成了双向互动，从点对面转变为点对点，并且为广播电视传播提供了无限可能，使之由传者安排的、按照规定时间与先后顺序播放的线性传播转换成了受众能够自主选择的并且突破了时间与顺序限制的非线性传播，受众可以自主操作，跳过不需要的或者不喜欢的节目、广告等。

传受双方随时随地进行互动，能够及时对传播的内容进行调整。现在，许多国外的电视剧边播边拍，在播出之后，可以立刻收集观众的意见与看法，从而在后面的拍摄中改进剧中情节、人物等，同时，还可以将受众喜爱的、最新关注的时事等内容增加进去。

点对点传播方式能够进一步衍生出更多的新型传播服务。比如，结合各个受传者的实际需求，为其专门提供针对性的信息与广播电视点播等。

数字化传播的容量、渠道与时空是无限制的，其与非线性传播相互结合，能够将传播的主动权从传者转向受众。在数字化时代下，过去新闻传播中的延迟报道与部分报道等方式已经过时，取而代之的应是及时、充分的报道。除此之外，应尽可能改变强灌硬塞的宣传与广告传播，采用使受众自愿获取、乐于接受的方式，以免被受众筛选掉。

（二）移动传播方式的基本特点

1. 实时化、高频化

移动终端便于受众随时随地、实时进行传播，能够实现多角度与多层面的传播。传者与受传者在此过程中进行高频率的传播活动，但过高频率的抢发新闻，往往容易导致内容缺少完整性与深入性，甚至出现丧失核对新闻时间的现象，并且如果用户频繁刷屏，那么也会浪费时间。

2. 多级化、分享化

通常，移动传播的内容是被不断转发的，能够形成多级传播与扩散。但在此过程中，容易加上多种多样的评论，甚至被删改。多级传播的动因一般是分享。移动新闻分享的关键是借助微博与微信两种形式，前者是一种弱关系传播，后者则是一种强关系传播。经验分享、社交及地位寻求是分享的主要心理动因，通过新闻转发，可以在朋友之间产生类似于意见领袖的地位，特别是当自己作为第一个转发某一条新闻的人，且朋友在后续纷纷进行转发的时候，能够获得较强的成就感与满足感。

这是一种有着较强的互动性、实效性与自主选择性的分享，往往是熟人之间作为分享的对象，分享者的评论能够提高人们阅读的兴趣与主动性。

3. 互动化

一般可将移动传播的互动化分成三种（见图4-2）。

图4-2 移动传播的互动化分类

人际互动化包括评论、点赞、分享、用户与内容生产者间进行的直接互动；人与内容本身的互动构建了互动新闻，即应用VP、AR等技术，多媒体、多形式地展示新闻内容，从而为新闻受众的多重感官带来一定的刺激，使用户能够自主思考、探索，自主得出结论，甚至使一些用户提供相关的新内容；数据互动化，可以使用户结合多元化的渠道，自主选择与自身实际需求相符的内容，从而大大提高了移动传播的效果。

4. 群体化、社交化

很多移动传播主要是在微信群、微信朋友圈等群体中进行的，群体成员大多是熟人，这体现出了熟人间传播的特点。人们参与新闻传播的主要原因是满足社交需求，所以各类移动传播媒介试图结合社交化推动信息的传播。

5. 碎片化、草根化

移动传播为用户提供了较大的便利，使其能够经常性地应用碎片化时间，并且将许多整块时间做了碎片化处理，与之相对应的传播通常也是零零碎碎、断断续续的。

碎片化在传播内容上也有所体现，在移动终端上，随时会出现一些短小、零碎的信息，诸多片段共同凑成了完整的内容，而这些片段却有着不同的出处和提供者。如今，已经有了更多的移动内容将这种碎片化考虑在内，尽可能使内容变得更加短小，并将内容分段处理，这又在很大程度上加剧了用户接收碎片化内容的习惯。

碎片化的内容能够为人们提供丰富多样的信息，有效填补了碎片时间，但又在很大程度上造成了碎片信息的泛滥，分散了人们的注意力，使其难以进入深度阅读。如此一来，人们的知识和思维逐渐变得碎片化，碎片、娱乐的内容占据较多，间接缩短了人们阅读或思考的时间，长此以往，人们的思维也逐渐趋于不足。如果过分沉溺于表面化的、碎片化的内容阅读，甚至容易使人们在不自觉中满足于被动的知识积累，久而久之缺乏思考的习惯与意识，甚至在较大程度上降低了社会的行动力与参与度。

碎片化还在传播主体上有所体现，传者和受众不再只是一个个整体，更多地成为碎片式的群体或个体，并且人际关系的深度有所减少，其广度则进一步增加，拉近了人与人之间的距离。对此，应聚集碎片化的内容，并整合、交互碎片化的平台，广大用户也应清楚地认识碎片化的问题，从而降低其产生的负面影响。

移动传播为人们提供了更多的机会与可能性，使人人都能够成为传者，一些普通的公众也可以通过移动化方式随时随地发出新闻和评论，将基层民情、草根愿望反映出来。

（三）数字化时代的盈利新模式

盈利模式是指与利润有关的一系列过程与方式，其中涉及利润的来源、生成过程、产出方式等。利润来源与终端产品、服务方面具有紧密的关系，并且离不开技术、渠道、品牌等相关内容，盈利模式主要有以下几种（见图4-3）。

图 4-3　常见的盈利模式

　　数字化时代创造出了手机、网络等新媒体及其盈利模式，并且为所有的媒体带来了一系列新的盈利模式，包括深度加工与整合信息，提供定制信息与数据库、研究报告与专门咨询等，以及更好地与客户之间建立和谐的关系，以有效满足客户的种种需求等。比如，《中国计算机报》一方面发挥平面媒体的影响力与公信力；另一方面，结合网络、手机等新技术或者新渠道，在读者互动、内容创造、传播速度等方面展现优势，构建了报纸—网站—移动服务供应商—数字内容和数码产品等多元化集成传播平台，同时积极采取读者行为追踪分析、数据库管理及专业搜索等多种技术方式。其对单一的内容传播服务进行了拓展，延伸至数据库直投、专家型研究、广告效果评估等多种多样的综合性服务，并且由简单的广告经营逐渐拓展至培训、咨询、无线服务提供商等多元化经营。

　　在报刊的网络化及传媒的数字化发展下，形成了更加新颖的收入持续增长模式。比如，网站传播时效性的提高，要求记者在获得新闻的第一时间内将报道发送至本报网站；专门开设记者编辑的博客板块，为他们提供充足的平台，使他们能够在该平台上发布新闻和评论，与读者进行共同探讨，或者邀请读者提供一些新闻线索；在网站中发布有关的音频或者视频信息内容，可以同传统广播电视一般进行线性播出，且受众也可以自由点击，或者进行非线性播出，甚至可以自主进行下载与保存；积极开发针对不同群体的电子刊物，提高广告的有效性。

在当前社交媒体时代背景下，良好的人际关系是大众传播的基础。在网站等新媒体建设工作中，至少含有人与产品的关系、人与网站的关系、人与人的关系这三种关系。过去，网站通常将为用户提供良好的产品作为经营的思路，以人与产品的关系对用户与网站的关系进行培养，然后结合网络社区等方式，全面推动用户与用户关系的发展。而在社交媒体时代下，或许将此种思路反过来会更加顺畅，也就是先将用户之间的关系作为基础，在稳固好用户之间的关系之后，再顺理成章地建立起用户对网站的依赖性与品牌的忠诚度，这样会更加容易建立起与网站提供的内容和其他产品间的关系。专业媒体要想在当今社会化媒体时代立足，就要充分认识人际关系在信息传播过程中所体现出的价值与意义，并且努力适应以人际传播为基础的新型传播模式。

二、网络媒体的特点与盈利模式

（一）网络媒体的特点

网络媒体以互联网为载体，但网络媒体并非互联网本身，就像广播电视媒体并非收音机与电视机一样。网络媒体本质上是互联网中进行大众传播的一个部分，但又与其他传播相互融合。网络媒体具有十分强大的功能，兼具报刊与广播电视的图文声像功能，或者直接在其中囊括传统媒体，同时还具备大容量、多媒体、便于储存与反馈等多种特点，这使网络媒体成为主要的媒体形式。

（二）网络媒体的盈利模式

如果无法盈利，网络媒体则难以继续生存与发展。网站的盈利模式主要包括了下面几种。

1. 收费信息模式

收费信息模式通常包括四种方式（见图4-4）。

01 将新闻等信息内容打包向其他的网站或者媒体销售

02 用户只有付费才能浏览某些网页

03 用户只有付费才能进入数据库查询

04 提供网上专供信息

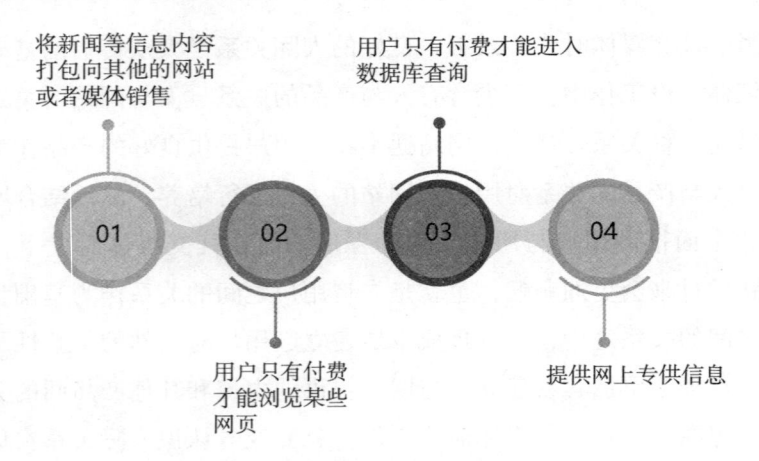

图4-4　收费模式的四种方式

根据图4-4，前三种方式的表述比较直观、明确，在此不做赘述。最后一种"提供网上专供信息"是向政府或者事业单位等专门提供定制的，且专业性比较强、具有一定实用价值的电子文本，也可以配上印刷本，订购者通过付费的方式获得网络通行证后收阅。比如，针对金融、房产、环保等行业，定期为其推出一些合适的参考文本，其中，人民网和新华网中均包含此项业务，人民网的一种最新政策信息电子读本，取得了不错的销售收益。

2. 网络广告模式

自21世纪开始，网络广告形态进行了多种创新，流媒体和多媒体网页制作技术有效推动了传统网络广告的发展，使其成为视频点播技术。此外，在提高网络广告效果方面，互动设计也是重中之重，广大网友可以自主选择不同风格的主题曲进行赏析，通过网络化方式参与投票，选出自己喜欢的曲子,这与过去强迫观看的方式具有明显的不同。

3. 机构合作模式

机构合作模式包括为政府部门或者企事业单位办网站、公众号、微博,开展网络直播活动。这种模式能在第一时间将文字、图片或者音像资料等上传至网络中。网络直播一般不需要像电视直播一样配备昂贵的直播设备或者庞大的直播队伍,而且网络直播的收费比较低,能够与受众直接进行交流。网络直播的内容还可供受众随时调阅,或者重复观看、下载保存等,甚至可以和政府或者企事业单位建立合作关系,联合开办网上服务业务。

4. 多种线下经营模式

网络媒体也可以进行多种经营活动,包括与媒体业务有关或者无关的经营活动。比如,网络媒体可以提供网络广告制作、主机托管、空间租赁等。

5. 网上远程教育模式

多媒体网络、远程通信技术等的结合使用,使人们跨越时空,实现了全新的教学方式。我国现代远程教育工程的实施目标就是全面构成开放式的教育网络,共同打造终身教育体系与学习化社会。如今,大部分学校已经配备了网络设备,甚至已经有了"网校",可以向学生提供重点学校的同步教学与复习内容,还能切实结合学生的实际要求对其进行辅导。网上教师一般是比较优秀的一线教师,对于广大家长与学生来说具有较强的吸引力。

三、手机媒体与其产业链

手机是一款比较小巧、便携的终端设备,可以吸收报刊、广播电视与网络媒体中的精华,同时便于人们随时随地、随身随意地发布或者接收信息内容,已经逐渐变成了人们在日常生活中经常应用的主流媒体形式。不仅如此,手机还能够在较大程度上改变其他媒体、传媒机构及传媒产业,这大大影响了个人、组织、社会的生活方式、工作方式与运营方式。

(一)手机变为媒体

手机是"第五媒体",其作为大众传播的接收端与发送端而存在。智能手机是媒体的延伸，它的出现使各种各样的媒体可以随时随地、随心随意进行传播，从而使媒体的服务延伸向各个角落。随着手机的普及，进一步衍生出了大量的社交媒体和社会化媒体形式，所以手机成为人们经常性应用的媒体形式。

手机作为新时代的产物，有机融合了大众传播、人际传播、组织传播及群体传播，推动了大众、人际、组织、群体传播媒介的多元化融合，同时推动了传媒业、通信行业、信息技术行业的发展，乃至有机融合了商业、贸易及金融等相关行业。

新闻机构纷纷与时俱进，把内容进行了合理分类、浓缩，以适用于手机传播的形式，并且借助短信、软件及手机报等多种途径，大幅度扩大了传播的范围。

（二）手机媒体产业链分析

手机媒体产业链对传统媒体的地区与行业分割造成了较大的冲击，构建了集内容提供者、网络提供者与销售渠道提供者为一体，且三者共同对媒体进行经营的新型产业链。

移动通信产业主要由移动通信系统、移动通信终端、移动数据产业与无线局域网通信产业四个独立的产业链共同构成。手移动通信系统是手机媒体产业的基础；移动通信终端产业链是指手机设备的生产、供应、售后服务等一系列价值环节；移动数据产业可以说是手机媒体产业自身的"母体"部分，而手机媒体产业则是移动数据产业的重要构成部分；无线局域网通信产业是指利用无线通信技术，在局部范围内构建起的网络，这是计算机网络和无线通信技术相互融合的重要产物。就目前我国的手机媒体产业存在形式来看，重点是移动增值服务，也就是移动数据服务。而只有当拥有原创内容与展示窗口的手机网站出现之后，才能形成真正意义上的手机媒体产业。

手机媒体客户具有明确的分类，主要分为个人用户与企业用户两种。为了达到客户满意的服务标准，必须同时具备技术与内容层面上的双重保障，相应地衍生出了技术运营与内容生产这两个产业。在国家政策与标准化组织提供行业标准下,技术运营商与内容生产商两个产业共同促进了传媒产业的繁荣发展。

移动内容提供商能够收集人们感兴趣的信息内容,将其灵活制作成适用于手机平台发布的格式,并出售给服务提供商,服务提供商则可以作为内容提供商与移动运营商间的"代理厂商"。而随着移动运营商与内容提供商合作关系的深入,在该产业链中,服务提供商将会逐渐消失。

四、数字化时代的新媒体素养

(一)新媒体素养的基础内涵

与传媒息息相关的基本素养是新媒体素养的基础,与传统媒体相关的素养同样与新媒体素养存在着紧密的关联。从宏观角度上来看,新媒体对传统媒体有着比较强的包容性,报刊的一部分及广播电视的大部分,将会通过新媒体的方式出现,或者是以新媒体为载体的方式出现,如电子报刊与网络广播电视。新媒体素养具有比较特殊的内涵,可以从认识、利用与参与的角度进行把握。

1. 认识新媒体

(1)认识新媒体。首先,应对新媒体的基本知识形成了解,如计算机与网络的基本知识;其次,需要掌握新媒体的基本性质与基本特点,包括大众传媒的共性与特性新媒体具有多、快、好、便的优势(见表4-1)。

表4-1 新媒体的优势

优势	具体描述
多	容量较大,内容比较丰富、全面,不仅单个网站的容量比较大,如人民网的内容比《人民日报》的内容要多,而且通过超文本链接,可以无限延伸内容的深度与广度
快	迅速、及时,传者可以借助互联网迅速对信息或者图片等进行采集与传播,受众能够随时随地获取网上的内容,可以突破书报刊印刷与发行时间方面的限制,以及电影与广播电视放映、播出的时间限制

续 表

优势	具体描述
好	一是信号质量较高,数字化的信号处理、传输与接收远远高于传统的方式,数字化信号的优化也能够轻松达到比较理想化的程度;二是可以同时容纳图像、声音与文字等,并且结合图像变形、受众参与等,创建了更多新型的形式
便	传送与接收、保存与处理更加方便,为随时进行传送或者接收带来了较大的便利,空间方面能轻易跨越地域、国界、文化等,应用卫星能够到达全球的任何地方,突破了地缘经济与地缘文化方面的限制。数字接收终端的多功能化与小型化,把众多便利集于一身,数字化信息便于人们进行搜索、复制与处理等

（2）认识新媒体产生的影响。新媒体对人们的认知方式与交往方式将会产生较大的影响,能够改变社会整体的信息传播交流方式,其产生的影响主要包括以下几方面（见图4-5）。

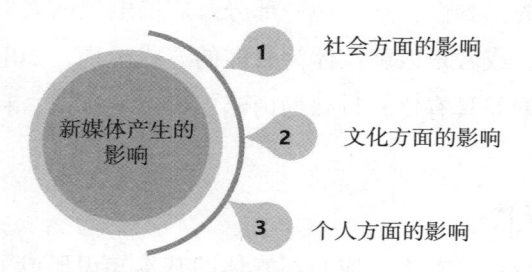

图 4-5　新媒体产生的影响

①社会方面的影响。新媒体的特点是传播方便、交流自由,能够形成新的交流观点与反映舆论的公共空间,为公众维护自身权益提供充足的机会,打破了传统媒体的信息发布与控制权。

我国的传媒事业坚持为社会主义服务、为人民服务的原则,传播一切有益于物质文明、精神文明建设的内容,在媒介中着重体现出了正面宣传的主旋律,从而体现出了"多种媒介,一种声音"的特征。同时,人民内部应积极将各种情况与意见反映出来,充分发展人们的个性与创造力。新媒体的广泛使用则能不同程度地强化这两个方面,特别是后一方面,能够出现"一种媒介,多种声音"的情况。

他公众的传媒素养主要以传媒本身所树立的榜样为主,在一些尚未普遍兴起正规的传媒素养教育的地方更是如此。数字化时代下的大众传播出现了许多新的情况,媒介工作者应及时更新对传媒的认识,做到与时俱进。对于广大媒介工作者而言,新媒体本身就是一个新鲜的事物,所以应有一个学习、掌握、了解的过程,从而具备相应的新媒体素养。

2. 其他普通公民的新媒体素养提升

其他普通公民是使用新媒体的主体,其中,许多的普通公民还扮演着新媒体传者的角色,可以通过新媒体对他人或者社会造成影响。提升其他普通公民的新媒体素养,更加有助于帮助其消除信息障碍,优化当今新媒体环境,提高全社会信息化程度的作用。

3. 青少年的新媒体素养提升

青少年群体的信息辨别能力、自我控制能力与判断是非的能力相对来说比较弱,新媒体的形式与内容又具备多样化、新颖化、复杂化的特点,部分青少年对数字化时代下新媒体中良莠不齐的内容未能形成足够的认识,所以应着重提升青少年的新媒体素养。

五、数字化时代我国传媒业的发展

(一)数字技术为我国传媒业带来的机遇与挑战

数字技术与数字经济已经成为我国传媒业发展中的一个全新的探索方向,数字化时代的发展促使传媒业呈现出动态性的变化趋势。20世纪是大众媒体的时代,书、报、刊、广播、电视等是人们获取信息的重要方式,但是在进入21世纪之后,传统媒体已经逐渐呈现出衰微的局势,互联网变成了新媒体,并且获得了迅速发展。传统媒体在当今社会背景下占据传媒市场的比例较少,随着互联网媒体与手机移动媒体的快速发展,其整体的市场份额远远超越了传统媒体。

当今时代是数字技术快速发展的时代,数字技术更新迭代较快,甚至在短短几年内就能迎来巨大的技术变革。我国传媒业想要取得长远发展,应紧跟时代潮流，迅速适应并且充分应用现代化的新兴技术，紧紧把握时代发展的机遇，积极迎接与面对时代的挑战。

（二）大数据思维对我国传媒业发展的意义

数据改变了人们的生活与工作，在数字化时代快速发展下，涌现出了诸多的社会化媒体，逐渐将社会关系与内容生产相互融合。此外，人们在社会化媒体中频繁互动，产生了大量的数据，数据分析与数据挖掘在较大程度上影响了传媒业的整体发展，我国许多传媒企业已积极开展了大数据的建设工作。传媒企业可以借助大数据技术深入挖掘海量的信息，将其中比较有价值的内容提炼出来，再将其进行包装，从而服务于自己的生产运营。传媒企业还可应用大数据技术对用户进行分析、分类与加工，从而将受众进行细分，形成一个整体的用户体系，从而更好地为用户提供服务。

传统媒体想要实现数据化的转变，应先对自身的思维进行调整，转变成以用户为中心的数据思维。同时，应全面构建属于自己的大数据平台与网络平台，并建立官方微信公众号、新闻客户端等各种类型的终端，实时跟踪用户的行为。

第二节 数字化时代背景下传媒产业的管理创新

一、数字化时代背景下传媒产业的管理体制创新

纵观我国的传媒事业发展，尤其是国有传媒产业中，虽然存在着多种多样的形式，但是仍然以维护社会主义经济制度与政治制度为核心。而在如今新媒体大环境下，国有传媒变革主要集中在以下几个方向（见图4-6）。

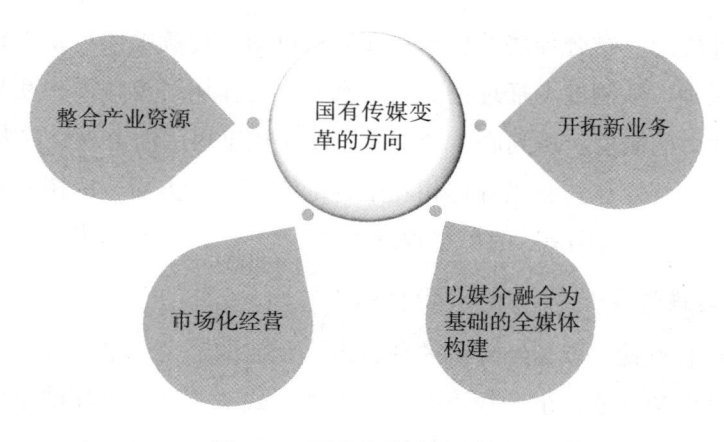

图 4-6　国有传媒变革的方向

整合产业资源是在新媒体快速发展与媒介融合的整体形势下，国有传媒结合产业资源的整合以及经营范围的适当延伸。创新是国有传媒的核心竞争力，市场化经营能够确保国有传媒创新的质量。在数字化时代背景下，媒介融合的新媒体环境使国有传媒的改革以放宽市场准入为基础，及时引进新媒体的战略投资者与民间资本等，从而形成国有传媒的市场化经营决策制度。国有传媒的市场化经营应加大结构调整的力度，使完全意义上的市场主体能够掌握更多的治理权，在市场中将国有传媒资产的投资能力与融资能力无限放大，以资本的力量保证国有传媒资产实现增值。以媒介融合为基础的全媒体构建表明了新媒体是将来传媒产业取得深入发展的重点方向。因此，大力拓展新媒体业务，成为国有企业在当前发展环境下的必然选择，国有传媒应以新媒体的理念和手段为主，并将其运用至生产经营之中，以期提高媒体自身的附加值。开拓新业务可以说是国有传媒的主动求变，是提高其市场竞争力的必要选择。

（一）传媒产业管理制度的现代化

1. 树立从"传统媒体＋"到"互联网＋"的理念

现有的传媒制度的主体主要是基于传统媒体的传播特性设计的，由于惯性思维与惯性路径的过分依赖，从而使"传统媒体＋"占据了现有传媒制度设计的主导理念。结合传播的技术特征分析可知,传统媒体与新兴媒体存在着本质的区别。从制度变迁理论的角度来看,与作用对象特征相互契合的制度才是有效力的制度。说到底,传统媒体需要在思想层面上进行"大解放",在持续进行传统媒体与新兴媒体相互融合的制度设计方面,应树立起从"传统媒体+"到"互联网+"的思想观念。

2. 持续推进传统媒体的市场改造

从本质上来看,市场经济是一种自由、开放的经济,新兴媒体的核心精神同样是自由和开放。市场经济的资源配置方式对于新兴媒体的全面发展大有裨益,结合市场化程度对我国的传统媒体进行衡量,恰恰是其应大力发展与大幅提高之处。改革开放以来,我国的传统媒体在持续推进市场化改革的步伐。而目前因为新兴媒体的兴起,大大冲击了传统媒体,进而迫切需要将传统媒体和新兴媒体融合起来,这掀起了传统媒体市场化改革的浪潮,需要对诸多有利于新兴媒体和传统媒体相互融合的有关制度进行改革。

3. 规范商业新兴媒体的制度

21世纪初,我国印发了《关于进一步加强互联网新闻宣传和信息内容安全管理工作的意见》,这是第一份规制互联网媒体属性的文件,在相当一段时间内,互联网仅仅是作为信息产业,主要由当时信息产业部进行管理。商业新兴媒体经历过多年的发展,呈现出了粗放式发展的特点,明显已经成为人们获取信息的重要方式之一,但其暴露问题的弊端也越发明显。因此,面对其飞速发展,应配好"刹车",加强相关制度的规范化管理,促进其健康发展。

(二)媒体产业管理创新的五个维度

1. 构建新的内容管理系统

如今,随着大数据时代的到来及新媒体的进一步发展,传统媒体迎来了前所未有的改变,面临着将原有与正在生产的媒介产品进行数字化、数据库化转型,并将其分层存储与分类整合利用的任务。因此,建立资产原理与数字版权管理体系迫在眉睫。管理者应尽量在较短时间内制定相应的内容管理措施，并结合现代化的先进数据管理技术，构建平台化、网络化的内容管理系统，从而有效实现统一的内容产品架构。

此外，如何应对突发事件是传统媒体内容管理中要面对的另一个关键问题。在新媒体时代背景下，用户贡献内容模式真实、广泛地存在。媒体要想在面对社会突发事件的时候在报道上抢得先机，就需要在平时的内容管理系统设计方面进行深度研究。

2. 再造新闻生产流程

再造新闻生产流程是指将媒体机构以一种互融共生的形式进行整合的过程，从而改变过去由不同介质割裂与不同部门管理造成的支离破碎的局面。再造新闻生产流程需要从以下几个方面出发（见图4-7）。

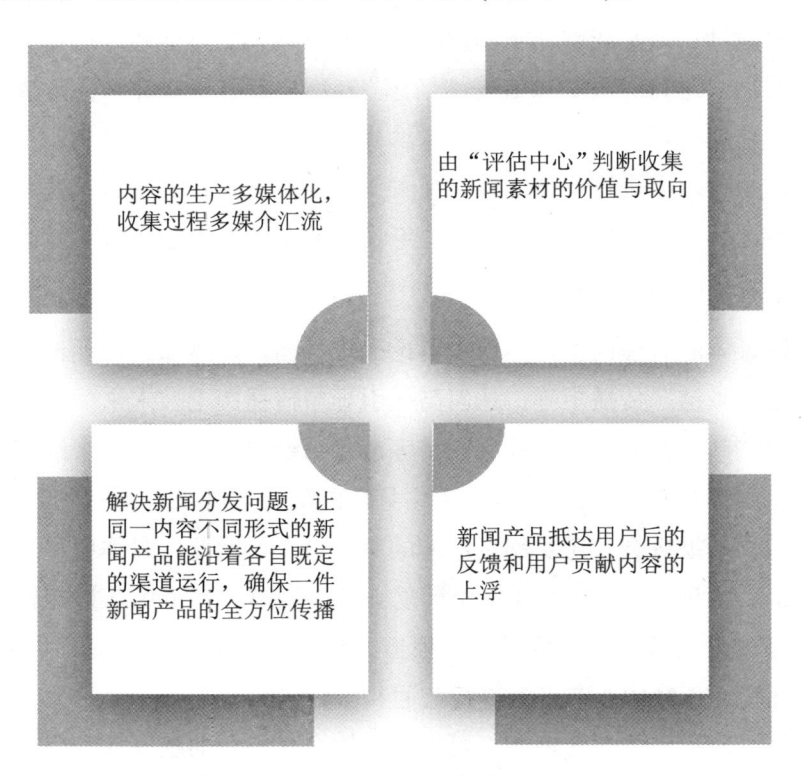

内容的生产多媒体化，收集过程多媒介汇流

由"评估中心"判断收集的新闻素材的价值与取向

解决新闻分发问题，让同一内容不同形式的新闻产品能沿着各自既定的渠道运行，确保一件新闻产品的全方位传播

新闻产品抵达用户后的反馈和用户贡献内容的上浮

图 4-7 再造新闻生产流程的出发点

3. 调动内容生产者的积极性

媒介融合时代下，媒体的内容生产者主要由专业与非专业两种不同的群体构成。对于专业人士的管理，需要以"以人为本"等理念为基准，更要看到专业人士通过新媒体平台成就个人与母媒的声望。对于非专业人士的管理，应将其视为启动能量的"发动机"，可以开辟出新的天地，塑造良好声望，并将受众的关注度和美誉度迁移至母媒。

4. 建立与用户间的情感链接

媒介融合产生的比较重要的一个结果，是以"用户"这一概念将原有的"读者、观众、听众、网民"这种细分的受众概念进行替代。互联网时代产生的竞争不仅仅体现在技术或者内容方面，"人"是 Web 2.0 运营的核心，而关系则是运营"人"的关键。在对用户进行管理的时候，应全面关注系统性和回路设计：一是能够便于用户参与媒介活动，二是能够及时反馈用户的体验。对用户进行管理的核心是"情感"，用户只有对媒介产品形成一定的信赖感，才能实现一定的附加价值。融媒体时代背景下的"情感"链接除了在原有的平台之上进行运作之外，更关键的是结合新媒体平台，尤其是社交网络平台进行运营，这有助于使一些年轻的潜在用户产生"黏度"。

5. 舆论引导层面的管理

传统媒体的管理创新还体现在舆论引导方面，媒体通过专业记者和忠实用户构建"微链"传播矩阵，从而高效引导与传播舆论。未来的媒介生态呈现出一种"微"特质，结合社交网络等链状系统连接和组合起来的信息逐渐碎片化。媒体如果要在此环境下取得生存和发展，则必须在一个个"微链"中灵活捕捉传播机会，还要创造可能的舆论热点。因此，媒体应尽可能地获得信息的"独到解释权"，并在纷繁复杂的"微链"环境中巧妙运作，以期成为关键节点的组织者和传播者；报道组织形式也不再是传统的"一刀切"方法，而是在无数中心节点上进行疏通和引导。

总之，传统媒体的管理创新要注重整体媒介组织的统一性和目标性。管理者必须在不同部门之间、人与人之间实现协调和协作，既要对新的传播模式有深刻理解，又要能统筹各种资源和力量。

二、传媒产业的内部组织结构管理

媒体带来的传播力、影响力、公信力以及媒体本身发展目标的实现等，需要有关从业人员依据媒体规划的愿景，发挥自身的能力来完成。

（一）互联网为传媒组织的改造提供方向

在将传统媒体与新兴媒体内容、经营、管理等诸多方面进行融合的过程中，传统媒体自身的组织与机制方面所具备的巨大的创新冲动与力度不容忽视。有关的人才、技术与渠道等都是可以引进的，但只有不断创新自身的组织方式与机制，才能使融合实现质的变化。新媒体本身处在技术日益更迭的变动中，传统媒体向新媒体转型没有先例可循，需要依据互联网发展的特征，深入研究与推断未来的发展之路，而深度融合的主要标志之一就是结合互联网思维，对传统媒体的组织结构进行重塑。在传统媒体和新媒体相互融合的同时，每一个传统媒体都有自己的体会。

1. 内容即服务

传播的本质是服务，媒体融合的本质同样是服务。因此，必须把新闻传播与互联网服务融合起来，顺应用户自身的实际需求，重塑传播的逻辑，从为用户提供单一的新闻资讯逐渐转向为用户提供以新闻资讯为核心的综合文化服务。

2. 用户即阵地

传播的基础是用户，因此应想方设法把报刊读者转变为多元化的用户，把占有用户、发展用户及集聚用户作为根本目标，并以此为评价标准，贯穿媒体融合发展的全过程、各方面。

3. 作品即产品

内容服务化、服务产品化是互联网的基本生产模式，因此必须对现有的新闻生产流程进行全面改造，从整体角度出发，将产品作为核心，建立健全新的运行体制与管理机制。

综上所述，传统媒体的生产、运营组织方式和新媒体之间存在着较大的区别，要想全面实现有关转变，新闻内容的生产与互联网服务应全面打通，采编人员与用户的需求也应打通。根据传统媒体机构的创新诉求可知，应将不同性质的媒体串联起来，构成一个全媒体，对传播的阵地进行重塑；还应将内容生产、技术创新及服务营销等串联起来，构建一个整体，使传播的价值链形成一个闭环。有关的一系列转变，必然会对一个良好的支撑体系提出各种各样的要求，使企业组织方式向快速满足用户的实际需求，更加容易促进创新转型，从而更好地适应当今互联网的时代变革。

（二）项目制带来局部机制的创新

创新驱动是互联网的基本特征。在传统媒体原有的管理体制之下，内生的创新驱动力存在较大的难度。数字化时代背景下的互联网发展流行的是团队活力、资源共享，而传统媒体着重强调了"条块分割"。除此之外，互联网中流行的是用户的需求驱动，而传统媒体则着重强调了管理推动。

（三）满足融合战略的新型架构

媒介融合是一种技术层面的升级，能够拓展平台，实现内容创新，同时伴随企业组织架构方面的积极创新，但这通常是比较艰难的一步。直线型的组织结构通常具有明确的责权，但不利于调动组织成员的积极性。职能型的组织结构有着较强的业务性，但横向联系相对来说较差。矩阵结构的适应性较好，但容易产生多头管理的问题。当前，国内外的许多著名互联网公司的组织方式可谓大相径庭，有的是以产品矩阵为核心，有的是采用事业部制和服务支撑的方式，等等。但是，它具有一定的共同特点（见图4-8）。

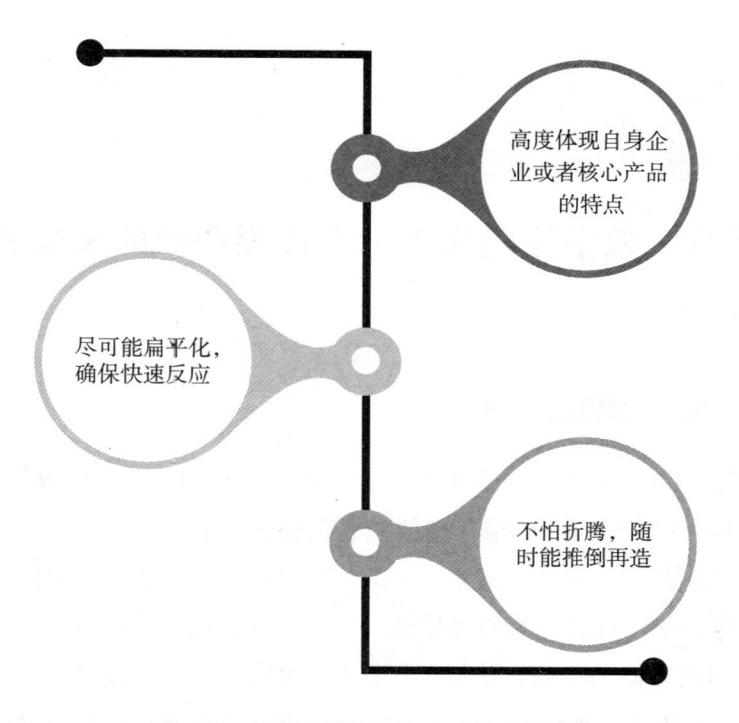

第四章 数字化时代背景下的传媒产业及其创新

图 4-8 互联网公司组织方式的共同特点

（图中要点：高度体现自身企业或者核心产品的特点；尽可能扁平化，确保快速反应；不怕折腾，随时能推倒再造）

一些大型的媒体集团往往会面临跨界融合的挑战，以往主报管子报的方式明显已经无法适应新时代的变化。在一些有可能会出现的跨媒介、跨地域或者跨行业中，报业集团甚至将会出现较大的转变，其将要面对组织结构与管理模式的再造，所以应采用融合生产、组合营销，或者是用资本纽带来组织与管理未来的新型传媒集团。

传媒管理创新是一个比较系统化的工程体系，媒体应将媒介融合作为主要载体，通过现代化的新技术与新手段，逐步改变过去以光电收视率、收听率、报刊发行率等作为核心指数的单一的评估体系。现在，将过去单一评估体系进行转变的机会已悄然来临，所有的媒体应在此方面达成共识并采取行动。针对将来的主流发展趋势，各类型媒介应积极谋求新的市场定位，而全媒体战略已经成为业界与学界的共识。整体看来，媒体的分化已经渐行渐远，数字化融合才是当今的热点话题，而复合式多媒体将会成为未来的发展方向。

第三节　数字化时代背景下传媒产业的文化创新

一、文化与传媒的概述

文化是指一个国家、民族或者企业等在一定时期内形成的观念、思想、习惯等，甚至包括由某一个群体整体的意识映射出来的一系列活动。

传播媒体也称为媒介、媒体、传媒，其重点是指传播信息资讯的依据或者载体，也就是在信息传播的过程中，由传播者到接受者间所携带与传递信息的有关物质方面的工具。传媒可以是私人的机构，也可以是官方的机构。传播的方式与渠道主要有报纸、杂志等纸质类，还有电台广播或者电视、电影等声类、视频，更有现代网络类。

可以说，传媒文化是传媒产业中的一个延伸，旨在结合现代化的传播方式，通过传媒进行文化传播和文化交流。

（一）文化与传媒间的关联

传媒是人类发展中的文化成果之一，将传媒作为载体开展文化传播活动，是文化的基本特性及其内在属性，传媒与文化的相互融合贯穿人类文明社会发展的始终。结合实际情况来看，文化向着传媒化发展已经成为事实，文化将传媒作为中介，从而实施大众传播，尽可能向着大众传媒的方向靠拢，体现出了比较明显的传媒印记。反过来，文化又会影响传媒，有着怎样的文化就有着怎样的传媒，文化能够在无形中影响传媒。

结合"传媒文化"能看出传媒和文化之间存在辩证关系，即文化能够通过传媒的形式呈现出来，传媒本身的属性能够对文化产生较大的冲击与影响。大众文化是当代传媒文化的基本形态，其正深刻地改变着这个世界，并在一定程度上限制了人们的价值观与意识形态，影响了人们的日常生活方式及审美情趣等。传媒文化直接影响了社会的发展与进步，而社会的发展与进步又会反过来对传媒文化进行重塑。

1. 传媒的文化品格由传媒的传播理念决定

以文化学观念与理论看媒体，可以发现每一种媒体中报道的新闻信息都体现出了物质文化、制度文化与精神文化，即三维结构中的文化内容。无论报道的内容是什么，都不可随意将其定义成"没有文化"，只能说其传播的文化内容是否全面，或者是否能将社会的进步性体现出来，并促进文化的协调、良性发展。而传媒本身的运作形态实际上就是一种传播文化，这是传媒的文化理念而促成的。显而易见，传媒在任何时候都离不开文化。

近年来，我国传媒产业的全球化发展同传媒的贡献难以分割。制度文化作为媒体传播内容中的一个重要部分，其与社会形态这种表里对应的关系，能够将媒体对文化产生的依附性全面体现出来，且两者之间存在着相互依存的关系。

2. 传媒内容的文化共性和个性造成不同的传播效果

文化的共性指的是内容、主题、形态等方面具有大致相同的文化存在方式。比如，对于同一内容的新闻报道，虽然报道的媒体不同，但它们报道了同一个选题、相同的内容，甚至所采用的表现形式也是相同的，这就能将文化方面的共性体现出来。在进行媒体报道的时候，如果能抓住具体事件中的新闻元素，并放大细节之处，彰显出其独特性，那么即使是和其他媒体报道同一个类型的事件，也能具备一定的新闻价值，这恰恰是文化的个性。理性的媒体就应在文化的共性与个性的双重选择中，有意地体现出自身的新闻个性，从而赢得广大受众的青睐。

（二）传媒在文化中的主要作用

文化传播与社会发展始终相依相伴，随着当前社会的变化与科技的发展，其已成为贯穿人类社会体系的重要力量。从传统社会过渡至现代化社会与媒介自身的成长几乎是同步的。

大众传媒是人类文化传媒发展的必然结果，是一种既定的存在与物质力量，在很大程度上制约着文化，甚至影响着人与人类社会的进步，因此，使文化"媒介化"，对日常生活中的大众文化非常重要。大众文化创造与传播了一些新的价值观念，最终引导人们积极主动地追求一些新的物质形态，进而使人们的生活与生产方式发生了变革。

1. 拓展文化传播的时空

人类的交流方式与文化传播主要经历了几个历程，即口头媒介、印刷媒介与电子媒介。口头媒介是在人们面对面的沟通与交流中形成的，但通常受到时间和空间的限制。印刷媒介的产生使人们的感官得到了延伸，媒介自此进入大众传播的范畴，在时空上将文化传播者与受众相互分开，转变了面对面沟通交流的直接性，交流符号也更加稳定。随着意义存储和传播系统科技水平的提升，文化主体之间的时空距离受到了电子媒介的助力，得到了无限延伸与拓展，从而成为世界多元文化格局的主要动力。

2. 促进文化教育的普及

大众文化是存储知识的"器皿"，无时无刻不在向受众传递知识，包括自然、社会、人文等方面的知识，不断启发人们的智慧，致力提高人力资源的科技素质，以期能够帮助各行各业的人掌握与自身所属行业相关的数字化、现代化科技。比如，我国大众传播系统对一些农村地区实行了"村村通"这一立体多覆盖的工程，通过更加便捷、广泛与迅速的方式，为农村的发展提供了更多的可能性，向农民传递新技术、新知识。同时，大众传媒还利用自身的现代化传播技术，在一些缺乏培训人员或者教师的地区发挥着越来越大的作用。

3. 推动文化产业的形成

如今的大众传媒已经逐渐成为一个以先进科学技术为主的物质生产系统，从而使大众文化的发展与进步有了依托，与工业化的管理与经营相似的方式走进了大众传媒中，使大众传媒用来进行文化生产。不仅如此，全球化的覆盖技术在大众传媒中的应用，使大众文化的市场打破了地域局限，从而构建了全球规模的文化市场，并且由于文化产品有着较高的利润，所以能够在较大程度上刺激企业家投资，最终帮助文化产业取得长效发展，使其兴旺发达。

（三）传媒文化及其创新

创新是文化全面发展与继续传承的动力来源，更是文化的本质。我国经济已经步入了新常态发展，在我国全面深化文化体制改革以及全面推进传媒产业升级中，文化发展和传媒创新已经成为重点议题。媒体为文化大发展与大繁荣提供助力的同时，创新成为不可或缺的一部分，而且对深入实践文化体制改革创新、促进传媒产业跨越发展具有关键作用。因此，应对传媒文化与创新的相互融合形成深入把握。

1. 传媒文化的内涵解读

从媒介的角度出发，可结合四种学说理解传媒文化的内涵（见图4-9）。

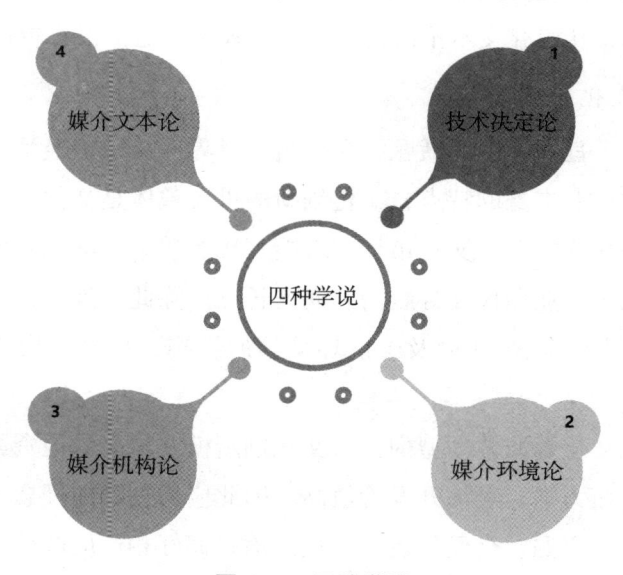

图4-9　四种学说

（1）基于技术决定论的传媒文化。技术决定论视野下的传媒文化主要以麦克卢汉（McLuhan）与英尼斯（Innis）为代表。麦克卢汉认为媒介即信息，

- 105 -

换言之，媒介能在较大程度上决定文化的内容与形式。麦克卢汉把媒介分成了"热媒介"与"冷媒介"这两种形式。英尼斯在对媒介形式进行划分的时候，主要将其分成了时间偏向的媒介与空间偏向的媒介这两种形式。

（2）基于媒介环境论的传媒文化。媒介环境论者强调媒介环境对社会大众产生了较大的影响，且其影响是比较深远的。由此看出，这些学者对于传媒文化造成的社会影响看得更加直接，且通常比较关注传媒文化营造出的氛围对人们产生的影响。

（3）基于媒介机构论的传媒文化。媒介是一个机构，其和外部世界中的多种机制构建了多角关系。从媒介机构论的角度看传媒文化，"文化霸权"是其中一个重要的概念，主要依靠灌输，传媒文化作为批判学派的批判对象，其向公众灌输了主流的意识形态。

（4）基于媒介文本论的传媒文化。从媒介文本论的角度看传媒文化，可看出这是对现实的充分反映，但并非对现实本质的反映，仅仅是一种对现实的模仿。因此，从媒介文本论的角度理解传媒文化通常带有较强的批判性。

2.传媒文化的创新模式

创新是一个亘古不变的话题，更是当今世界迎接知识经济时代的必经之路。根据文化产业本身的特点，文化创新的重要载体是文化企业，而创新的关键来源则是文化资源，文化市场需求能直接有效地推动创新发展，技术的转型与变革能令企业积极探寻新的利润增长点。除此之外，传媒文化的创新还受到文化环境、社会环境及经济环境等的影响，从而能构成不同的发展模式。

（1）创意文化资源推动型的传媒文化创新模式。与其他资源相比，文化资源本身的生命力强、经济开发价值高，因此应用创新的理念、方法与形式开发并利用文化资源，全面创造与现代人消费偏好相适应的传媒文化产品与服务，深入挖掘我国文化资源的潜在优势，并将其转化成为文化生产力。此外，文化是一种黏性的知识，传媒文化创意本身具备的黏性特征能使各区域存在无可替代的文化优势，进一步实现区域传媒文化产业经济结构的优化与升级，从而不断增强传媒文化品牌的辐射力度。

（2）科技推动型的传媒文化创新模式。科技是传媒文化发展过程中的重要支撑，科技的创新与发展对传媒文化产业及其他产业的发展有重要的影响，如技术的升级与转型能为传媒文化产业的发展提供方向，还能延伸与拓展传媒文化产业的发展空间。新媒体把创意作为基础与开端，将产业重点从生产环节转向内容设计制作环节，结合市场营销与服务消费者形成了文化产业价值链，并且资本保障、人才保障与科技保障在该产业价值链中都是至关重要的。资本影响市场创新规模，人才决定产业创新程度，科技引领产业创新方向，所以，技术创新与新技术应用是推动传媒文化产业升级的重要支撑力量。

（3）产业融合型的传媒文化创新模式。在新时代，现代科技的迅猛发展推动传媒文化产业发生了深刻变革，展现出显著的产业融合趋势。此趋势不仅限于数字技术的运用，更体现为传媒文化产业与计算机、通信和广播电视等多个行业之间的界限逐渐模糊。产业融合的关键是数字技术的普及和互联网的广泛应用，其打破了传统产业之间的屏障，促进了跨地区、跨行业、跨媒体的经营发展，成为传媒文化产业的重要发展方向。随着复印技术、通信技术、网络技术及计算机技术的不断进步，出版行业的各个环节也在发生新的变化，相关技术的融合应用使编辑、出版和发行等环节更加高效、灵活，以迎合不断变化的市场需求。基于此，传媒企业逐渐意识到，只有加强对数字技术和数字内容等核心技术的研究与应用，才能在产业融合趋势中取得先机，立于不败之地。

传媒文化产业与其他产业间的边界逐渐变得模糊，这使传媒企业不再局限于传统的行业领域，而是通过多元化的经营模式，探索新的市场和商业机会。例如，互联网的普及带来了新的媒体形式和传播渠道。因此，传统媒体企业必须重新思考其定位和发展策略，以适应新兴媒体环境下的受众需求。在数字技术的支撑下，诸如电子书、在线新闻、数字音乐等新的传播和消费形式不断涌现，不仅改变了人们获取信息和文化娱乐的方式，丰富了传媒文化产业的内容，也为传媒文化产业带来了新的商业模式和盈利渠道。

文化产业的融合创新主要体现在以下两个方面：一是文化产业内部的融

合，即将数字化作为核心特点，以互联网为信息平台，以数字化创新发展为重点模式，形成数字化的创新发展模式，主要表现包括数字电视、网络视频与电子图书等。数字技术能够带来更多的机会，使传统的图书、广播、网络等相互融合渗透，共同促进文化产业的跨平台发展。二是文化产业间的融合，即将技术与资本等诸多要素渗透于传统文化产业中，从而形成新兴文化产业，如动漫游戏、文化旅游及文化娱乐等，打破过去的产业边界，形成全新的产业形态。

二、数字化时代的传媒企业文化

自20世纪末以来，我国传媒产业的生存方式发生了较大的变化，一系列的传媒并购与上市个案，体制外资本与体制内传媒机构的多元合作，以及各地传媒机构实施的集团化变革，都推动了传媒产业化发展。

（一）传媒企业文化的特征与社会功能

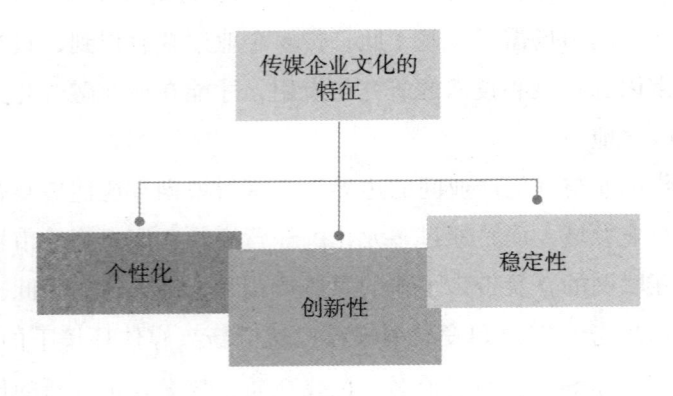

1. 传媒企业文化的特征

传媒企业文化的特征比较多样，其中比较突出的特点有以下几个（见图4-10）。

图 4-10 传媒企业文化的特征

（1）个性化特征。传媒产业本身就具有比较丰富的内容，新闻内容的采编、报纸杂志的印刷及版权内容的贸易等，都属于传媒产业的范畴。因此，传媒产业本身内涵丰富的特点决定了其在制定企业文化的时候，需要主动、积极地考虑自身所从事的媒体风格、具体内容等因素。个性化的企业文化能将自身的经营内容全面体现出来，并满足企业发展的基本要求。

（2）创新性特征。传媒企业的核心竞争力在于其持续的创新能力，而创新不单单是产品和技术层面的革新，更关键的是深植于企业文化中的创新精神和态度。传媒市场充满了新的机会和挑战，但其瞬息万变，如果企业一成不变，固守陈旧的理念和策略，那么就难以在激烈的市场竞争中长久立足。此外，传媒企业面对的受众本身的审美和兴趣也在不断变化中。因此，传媒企业必须不断调整和优化内容与产品，以适应时代发展，满足受众的需求。创新精神在传媒企业的文化发展过程中的重要性不言而喻，传媒企业必须关注市场动向，敏锐地捕捉和分析受众的变化和需求，这样才能保持自己的竞争力，并孕育出富有创造力和前瞻性的传媒产品。传媒企业如果能持续推动内部的创新进程，并将创新贯穿企业运营的各层面，则能积极、正面迎接市场的挑战，同时引领行业的未来发展。

（3）稳定性特征。传媒机构企业文化的形成并不是一蹴而就的，而是经过了一个充分酝酿与探索的较为长久的过程。在传媒机构文化中，能被该组织成员认同与关注的核心企业价值观念与行为准则等意识形态，以及物质形态相对来说具有较强的稳定性，通常不会因外部条件的变化而改变。无论传媒企业文化取得怎样的发展与创新，其核心部分往往都具有相对稳定性，这样才能使企业本身区别于其他传媒企业，并使企业文化在不断变化的传媒企业管理层与员工群体间相互传承。

2. 传媒企业文化具备的社会功能

（1）打造良好的传媒企业形象。传媒企业优秀、卓越的文化能够精准传递其核心价值观和行为准则，并将其核心价值观贯穿产品提供和传媒服务中，树立企业的良好形象，从而使社会各界清晰地识别出该企业的特点，在较大程度上增强受众对其服务和产品的信任与认可，从而促进受众积极消费。良好的传媒企业文化，在规范企业行为的同时，能塑造出令人瞩目的企业形象，进而支持企业的长远发展。传媒企业建设稳定的文化，向公众展示自身的独特价值观,能使公众在纷繁复杂的信息环境中清晰分辨出该传媒企业的独特性。传媒产品和服务是传递文化的载体,通过产品内容和形式,企业能更好地表达和强化自身的品牌形象,让受众在使用和消费过程中不断加深对企业文化的认可和信赖。企业文化提供了一致的行为准则,确保企业成员在日常运营中有一致的价值指引,减少内外部问题的产生。同时,优秀、卓越的企业文化能激发员工的工作热情和创新意识,使员工的工作达到事半功倍的效果,从而提升企业的整体竞争力和市场份额。

(2)强化传媒企业的凝聚力。传媒企业文化一旦形成,其企业文化的核心价值观与行为准则等就能在一定程度上影响企业员工自身的思想与行为,约束并规范员工的言行举止。随着传媒企业文化的制定与执行,员工还能对企业文化内容形成一致认同,从而更高效稳定地为企业服务。因此,构建传媒企业文化不仅可以提升传媒企业的组织凝聚力,增强企业组织的运营效果,还能使广大员工产生团队荣誉感与团队认同感,进一步促进企业的长效发展。

(3)促使传媒企业更好地适应外部环境。传媒企业的主要服务对象是受众,而受众的需求是随着外部环境的变化而不断变化的,所以传媒企业应适应不断变化的外部生存环境,同时为广大受众提供创新性的产品或服务,从而确保自身在传媒行业竞争中取得一定优势。不同的传媒企业有不同的经营诉求,一些传媒企业追求最大限度地实现自身利益,一些传媒企业追求最大限度地满足受众的利益,还有一些传媒企业注重社会效益的实现。企业文化本身在较大程度上影响了传媒企业和外部环境之间的互动关系,构建良好的企业文化则有利于指导传媒企业和环境之间进行良性互动。

(二)传媒企业文化的创新思路

创新型企业文化是由外部和内部双重因素共同作用形成的,社会文化与经济环境是主要的外部因素,企业家精神、人力资源与管理制度等是主要的内部因素。社会文化与社会经济这一大环境并不是由单个企业控制的,所以,应对企业的内部因素进行重点分析。

1. 以客户为核心，打造个性化文化

从企业的文化理念和现代管理角度看，传媒企业应从客户的视角出发，深入挖掘和分析市场需求，并综合考虑传媒受众、广告商等利益相关者的需求偏好，从产品策划初期开始，逐步在组织过程中引入创新管理思路，以更好地体现企业的经营定位和文化主题，进而塑造出风格独特、个性鲜明的企业文化，如此可以帮助企业扩大受众规模，使企业收益取得显著提高。在如今传媒行业竞争异常激烈的环境下，企业必须深刻认识到文化在其发展中的引导作用与核心意义，不断通过文化建设来提升自身的竞争力。传媒企业应根据明确而精准的市场定位，巧妙实施与竞争对手不同的创新战略，并强调不同文化的融合和交汇，确保文化理念能够广泛传播和被理解。如此一来，企业可以有效传达自己的文化理念，令受众在与企业互动的过程中感受到文化上的归属感和认同感。

2. 围绕人才培养与生成，强化组织认同感

传媒产品可以说是传媒人力资源劳动的结晶，所以应将重点放在构建人才培养与生成机制上，加强人才引进，并借助优秀的企业文化为广大员工提供展现自我的平台，从而满足员工想要实现自我价值的需求。基于此，企业可以采用柔性管理的方式，注重体现管理者的榜样作用与其自身的人格魅力，持续加强研究与探索，分析企业文化、产品与技术的演变方向，从而实现创新升级，使企业员工能形成共同的价值观，进一步培养员工的自发与自律意识，使其能自觉维护企业的利益，帮助员工积极投入实际工作中。传媒企业则应为员工提供良好的展示自我的平台，鼓励员工积极创造奇迹，展示企业文化。

3. 以企业内外为着手点，打造媒体品牌效应

媒体的品牌价值以消费者的认可和企业全体员工的认同为依托，只有在员工的共同支持下，媒体品牌效应才能有坚实的保障。因此，企业必须从内到外、由表及里地进行深度的文化建设，包括媒体形象的定位、对待读者的态度、人才管理战略的制定及内部经营的控制等多个方面。在塑造企业品牌

形象时，不可单纯停留在媒体定位和内容表面，而应巧妙借助各种现代营销手段，如行为策划和公共关系管理，全方位地塑造和推广自身的品牌形象。具体来说，媒体自身的行为设计和宣传策略可以增强内部员工的沟通，促进媒体与外部环境的良好互动。企业在关注外部消费者对品牌反应的同时，其内部的沟通建设更不容忽视。建立丰富多样的内部沟通桥梁可以实现思想的交流、业务的探讨和信息的传递，并且能够加强感情联络，增强集团内部的凝聚力。最终，从内到外的全方位品牌建设策略，会传递出积极的信息，有利于企业内外形成良好的品牌效应。

三、数字化时代的传媒跨文化传播

（一）大众传媒在数字化时代跨文化交流中的地位

跨文化传播可以分为两种主要形式，即国际交往与国内交往。在数字化时代背景下，跨文化传播的手段更加多样化，依托卫星电视、广播、书刊与互联网等大众媒介，极大地拓展了传播的方式和范围。跨文化传播的发展历史与科技的进步密切相关，19世纪30年代，大众报刊的出现标志着大众传播时代的来临，人们开始通过报刊接收信息，使跨文化交流变得更加频繁，甚至跨越了地域和文化的限制。随着电影、广播和电视这些有代表性的大众传播媒介的先后问世，传播的形式进一步多样化，也使跨文化传播的规模变得更加庞大。

20世纪末，互联网的兴起和普及进一步推动了跨文化传播的发展。互联网打破了信息的单向传播模式，变成了多向互动的平台。世界各地的人们可以通过社交媒体、视频网站、在线论坛等，进行实时交流、分享各自的文化与观点，提升了跨文化交流的频率，增进了跨文化交流的深度。基于此，数字化时代的跨文化传播工具不仅使全球化进程得以加速，也让民族之间的文化差异得以展示和融合，便于人们通过便捷的网络途径获取各类文化信息，还有机会面对面地参与跨文化的交流与对话，此种互动的多样性和便捷性是前所未有的，并不断推动着跨文化传播向更广泛、更深入的方向发展。从大众报刊、电影、广播到电视，再到数字化与互联网的普及，每一种传播媒介的出现与发展，都在历史的进程中刻下了深深的印记。

大众传媒是跨文化交流的必要前提，更是对文化信息进行传递的重要物质载体。在跨文化交流的过程中，大众传媒是至关重要的一个因素，其在跨文化交流的过程中全面渗透。从最初不同文化信息之间的传递到后来各种文化的交流、吸收与融合，跨文化交流都或多或少地受到了大众传媒的影响。

1. 跨文化信息的传递

跨文化信息传递是大众传媒本身在跨文化交流过程中具备的基本功能，也是大众传媒普遍具备的一项功能。大众传媒能够为跨文化信息的传递提供基础性的条件，也就是特性各异的媒体形式（见图4-11）。

图 4-11 特性各异的媒体形式

（1）报纸形式。报纸的基本特点是其所承载的信息量较大，且覆盖面比较广泛，能够迅速把有关信息传递给受众。但是，报纸通常会选择性发布和加工信息，所以报纸往往不被业界视为最佳的跨文化交流媒体。

（2）杂志形式。杂志的受众通常具有相对稳定的文化程度，面对事物时具有比较强的认知能力。图文结合、表述直观、易于理解是杂志本身的优势，所以其跨文化信息传递的效果通常比较好。

（3）广播形式。广播突破了空间的限制，成为跨文化信息传递的便捷渠道。即使受众身处国内，也能收听到其他国家的电台节目，从中领略各国多彩的文化风貌和独特的背景信息。这样一来，人们在不出国门的情况下，便可拓宽视野，感受全球文化的丰富多样。

（4）电视形式。电视可以为广大受众带来强烈的冲击力与现场感，集视听方式于一体，可以在较大程度上引起受众对跨文化信息的记忆与关注。对于跨文化交流来说，大众传媒的信息传递功能可谓是一把"双刃剑"，既可以向受众传达一些积极的、正确的跨文化信息，也能或多或少地使受众受到一些不良文化信息的侵蚀。为了减少信息传递对受众产生的负面影响，主要依靠大众传媒的"把关"。

2. 缩小文化价值观的差异

大众传媒在跨文化交流中以议程设置缩小了各种文化价值观的差异，乃至推动了各种价值观的转变。各具独特文化背景的人们，往往持有不同的文化价值观，大众传媒在其中占据主导性作用。媒介能够通过有选择性地传播某些特定信息，对受众的思想与观念产生潜移默化的影响，促使人们在认知和情感上发生变化。当大众传媒不断强调某种特定的文化信息时，受众对特定文化信息的重视程度和关注度会随之上升。随着信息的传播，受众对该文化的认知水平、理解能力等都会逐步提高，此过程能够有效缩小不同文化之间的差异。

3. 引领文化价值观的变迁

媒介在改变人们态度方面产生的作用相对来说是有限的，但是大众传播所产生的无形效果是比较重要的。大众传媒通过跨文化信息输出，能够使人们对不同的文化形式产生不同的认知，可将这视为一个动态化的学习过程，能大大改变人们的态度。如此，人们在接触与学习、理解不同的文化价值观时，能够在一定程度上从内心产生认同感，此过程需要以大众传媒的影响为主要支撑。

大众传媒本身传播的跨文化价值已经渐渐渗透到人们的日常生活之中，在一定程度上使原有的文化价值观发生了转变。例如，人们的消费观念产生了转变，在进行跨文化交流的过程中激发了"及时消费""超前消费""个性消费"等观念，并且已经渐渐被人们吸收采用。因此，大众传媒可以有效缩小文化价值观的差异，并且能够引领文化价值观高效转变。

4. 跨文化信息的筛选

在跨文化交流中，大众传媒是文化信息的主要提供者，其本身具备较强大的信息生产能力与传播能力。但是，大众传媒不能没有选择地传播所有的跨文化信息，需要严加把关。

在社会信息传递过程中，大众传媒扮演着"把关者"的角色，决定着受众接触信息的内容和形式。在跨文化交流过程中，大众传媒会面对不同的文化与不同的文化价值观，如果全部接受这些，并且传递给社会大众，那么由此造成的一系列负面影响将难以估量。因此，大众传媒要做好准备工作，提前"把关"。

5. 提供讨论的公共空间

信息公共交流平台是当今数字化时代发展与进步的重要产物，大众传媒作为公共空间，能够在本质上转变"灌输式"的单向传播模式，体现双向传播互动的特点。相较于社会公众组织和政策体制来说，大众传媒在跨文化交流过程中作为沟通桥梁而存在，能为广大受众提供积极发表意见或者建议的窗口。

6. 反映与评估跨文化交流情况

大众传媒可以将跨文化交流的情况及时反馈出来，并能做适当修正，使跨文化交流朝着积极健康的方向发展。根据受众在大众传媒跨文化交流中具备的隐蔽性与不确定性，及时获取反馈信息比较关键，因为其能够为后续调节传播活动提供基本依据。反馈信息也可以作为对传播效果进行评估的标杆，有利于及时纠正文化传播过程中出现的偏差。在此过程中，传播者应明确自身和受众间的关系，即传播的行为是平等的，受众在获取跨文化信息知情权的同时，还拥有表达意见和监督媒介的权利。

跨文化交流本身是一个动态性的过程，在文化信息不断输出与输入的同时，由于不同文化具有一定的差异，导致不同文化之间出现了一定的冲突，进而影响了人们对世界的看法。跨文化交流的过程并不都是一帆风顺的，在此期间应积极面对与克服多种文化交流障碍，不断实现磨合进步。大众传媒可以将跨文化交流的实际情况充分反映出来，促使人们正确思考、审视与评估正在进行的文化交流活动。

（二）数字化时代传媒跨文化传播的创新

1.加强国际合作

除了直接通过数字化的传播方式引进文化内容外，还应重点考虑创新的作用与意义，也就是适当进行跨国合作。跨国合作能够组织不同文化背景的传媒工作者或者相关人员合力协作，生产出能够满足数字化时代的力作。

2.强化人才培养

要想在数字化时代背景下改进传播方式，就要培养一支具有特殊能力的传媒人才队伍，使他们既能熟知数字技术的应用，又能通晓各种文化。这也在一定程度上为我国急速增加的新闻传播教育机构提供了一些机会和挑战，并且可以设置与"跨文化传播"有关的课程活动，使有关人才能够紧跟时代的发展步伐。

第五章 人工智能技术对传媒领域的影响与具体应用对策

第一节 人工智能技术对社会发展与传媒领域产生的影响

一、人工智能技术的发展特点与趋势

（一）人工智能技术的发展特点

1.深度学习在各领域中的应用

深度学习通过建立多隐层的神经网络模型与海量的训练数据集，对隐层特征进行全面学习，从而在各种类型的学习任务方面取得了较优的算法性能。基于海量数据集实施监督与学习，同时提供一些隐层特征的方式，可以实现对特征的端到端的学习，特别是在大规模标注数据集中比较适用。深度学习从最初的试验阶段已经逐渐转变成了应用阶段，在人脸识别领域、客服机器人领域、语音识别领域等诸多方面都取得了令人瞩目的成就。由此可知，随着深度学习技术在多个领域中的深入发展与应用，未来会有越来越多

的智能应用在各行业中落实，同时可以取得比较显著的商业性成果。

2. 基础数据建设成为共识

斯坦福大学在2010年发布了一个图像标注数据集ImageNet，其中涉及2万多个类别，且超出了1400万张图片。这意味着图像处理领域有了较大的突破，从此有了更大规模的基础数据集测量基准，并且已经渐渐成为业界图形与图像有关算法性能的一大衡量标准。此后，ImageNet进入了人们的视野中，一些大型企业与研究机构已经渐渐认识到了其作用，开始正视大规模基础数据集在人工智能领域内的价值，甚至已经着手建立属于自己的数据集。

3. 新型计算机框架成为产业界的发展目标

在计算机视觉、无人驾驶、自然语言处理等领域中，深度学习取得了长足发展。但是，深度学习的模型逐渐变得多样复杂，开发人员为了实现各种网络模型架构，需要消耗大量的时间，对各类底层算法和程序库进行重复实现。为了能够更加有效地开发深度学习模型，企业界与学术界推出了TensorFlow、Caffe等多种多样的深度学习框架。

（二）人工智能技术的发展趋势

1. 基础数据集更加完善

以数据集基础作为参照来看，当今的发展趋势是产业界与学术界相互合作，共同建立语音、视频、图像等通用数据集和各行各业的专业化数据集，从而确保各种各样的数据能够迅速满足相关领域的实际要求。其中，包括了以下几方面需求来源（见图5-1）。

第五章　人工智能技术对传媒领域的影响与具体应用对策

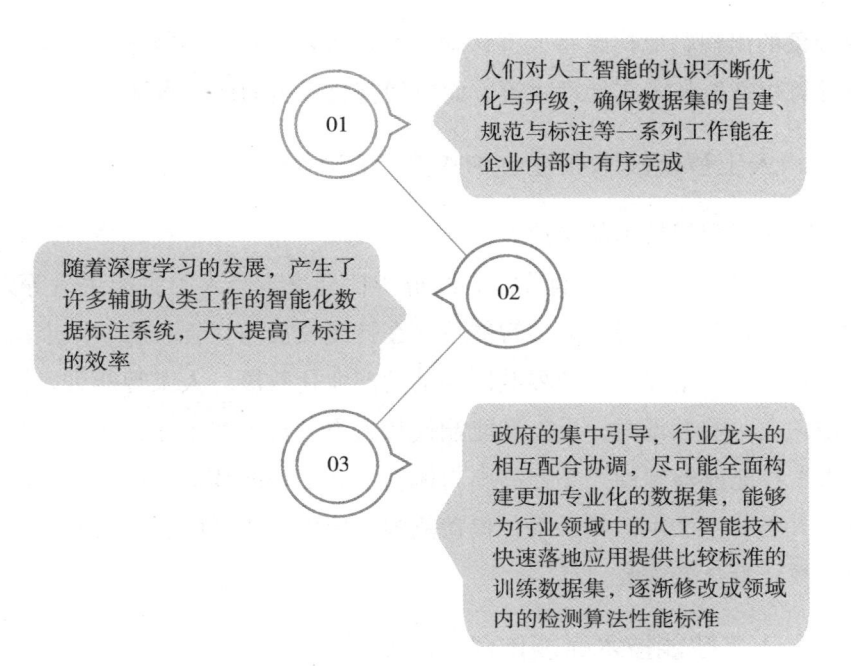

01　人们对人工智能的认识不断优化与升级，确保数据集的自建、规范与标注等一系列工作能在企业内部中有序完成

02　随着深度学习的发展，产生了许多辅助人类工作的智能化数据标注系统，大大提高了标注的效率

03　政府的集中引导，行业龙头的相互配合协调，尽可能全面构建更加专业化的数据集，能够为行业领域中的人工智能技术快速地应用提供比较标准的训练数据集，逐渐修改成领域内的检测算法性能标准

图 5-1　需求的来源

2.计算平台和芯片的个性化发展

对于计算平台与芯片而言，企业从自身的利益出发，选择自主研究计算框架和平台，甚至对领域专用智能芯片进行定义等，均属于比较常见的一些现象。企业应切实考虑数据安全性业务，企业内部不可盲目信任各种计算机平台，而且企业内部的数据信息与平台本身具有一定的特殊性，为了能够更好地适应企业内部发展的需求，应独立自主地研究计算框架平台芯片。在开源技术的生态建设中，人工智能计算框架和有关技术尚未出现"一家独大"的局面，各个头部企业选择对深度学习计算平台进行自主建设，同时加大建设相应的开源生态，这对构建与企业利益有关的商业闭环具有至关重要的作用和意义。

3.真正建立人机协同机制

目前，计算机智能在设计与构建的过程中未能将人作为主体与根本，而是长期处在了将计算机作为中心的系统发展模式下。为了避免违背人类使用

- 119 -

规律现象的出现,应构建将人类认知模型植入计算机智能技术的方式,从而确保计算机智能技术在推理决策方面更加符合人类的认知水平。

二、人工智能技术在社会中的广泛应用

随着人工智能技术的快速发展,其已经成为新一轮科技革命与产业变革中的内在驱动力,深刻影响着世界经济、社会进步与人类生产生活等方面。目前,从世界范围来看,人工智能技术在持续发展与完善,从学术推动实验室阶段转向由学术界与产业界共同推动的产业化阶段。人工智能可以视为人的延伸,在一些领域中,人工智能能代替人类进行生产工作,而在一些领域中,人工智能能够辅助人类提高脑力体力。人工智能技术的产业化发展同样需要与人类的生产生活相联系,覆盖范围领域也在逐渐向多方向发展,包含医疗、教育等众多领域。

三、人工智能技术赋能传媒领域发展

(一)人工智能技术在传媒内容生产与加工领域的应用

过去,职业媒体人是主体角色,通过实地采访、辅助电话网络等一系列方式,获取大量的新闻线索,再生成新闻内容并对内容进行加工。

现在,已经进入"万物皆媒"的时代,传统单一的新闻生产与加工模式已经渐渐融合了互联网、人工智能等技术。因此,媒体人应适时利用大数据时代下的海量信息内容,革新新闻内容生产与加工模式,使其呈现出精准化、智能化及多元化等发展特征。在媒体内容生产与加工领域,应用人工智能技术重点体现在以下几点(见图5-2)。

第五章 人工智能技术对传媒领域的影响与具体应用对策

图 5-2 媒体内容生产和加工中应用人工智能技术的体现

1. 全媒体信息采编系统的应用

在全媒体时代的发展环境下，媒体资源的形式更加多元化，但从综合角度来看，各种资源存储呈现出了分散的趋势，无法全面实现互通与共享，稿件的传输方式也呈现出了分散的局面，缺少综合、统一的管理。全媒体信息采编系统能够有效化解这种问题，其采用了人工智能、大数据、云计算等诸多前沿科技形式，可以对所有媒体资源进行高度的整合与集中的管理等，使媒体信息采编不再受过去时间、空间、设备等方面的限制与约束，能够有效形成全天候的、实时高效的信息采编系统。全媒体信息采编系统可以将有关的人工智能技术相互融合，其中有音频处理技术、语音识别技术与人脸识别技术等，并且通过收集普通群众、智能机器人及新闻记者等上传的文字、图片与视频信息，从而帮助新闻编辑人员快速掌握有关新闻线索，减少新闻信息采集、整理与传递过程中造成的时间与人力资源消耗，能在较大程度上提高采编的实际效率。第一代全媒体信息采编系统比较注重"大而全"，借助计算机技术实现了相对来说比较全面的信息搜集和信息整理。然而，新一代的全媒体信息采编系统则比较注重"全而深"，除了需要全面搜集有关数据，

- 121 -

还需要对数据进行分析消化，在真正意义上实现智能化的突破。

2. 新闻写作机器人的应用

在传媒产业中，新闻写作机器人已经成为比较成熟的智能技术应用，它以人工智能处理、数据挖掘与分析等技术为依托，应用高质量的新闻媒体数据库，被更多地应用在"格式化"的新闻播报方面，如体育赛事报道、财经证券报道、气象气候报道等。"格式化"的新闻播报内容通常比较单调、简单，不涉及较深层次的分析评论，比较关注新闻本身的真实性、准确性与时效性，报道风格不过分追求个性，可以灵活结合新闻媒体数据库设计新闻模板，并在其中嵌入新闻内容，从而快速智能生成新闻报道。但是，机器人写作模式并不适用于逻辑性较为复杂且叙事性较强的经济、文化与社会报道等方面。因此，如何在"格式化"的新闻媒体领域中融合人工智能仍是值得深入研究的关键话题。

3. 新闻现场全景式报道的应用

随着新媒体技术不断融合 VR 技术与 AR 技术，新闻内容生产模式发生了重大转变，能结合时间维度与空间维度对新闻事件与新闻现场进行全景式报道的方式应运而生。新闻现场全景式报道作为一种全新的视觉播报方式，能突破传统媒体将文字、图片及视频等作为主要内容的新闻生产模式，从静态向动态转变，呈现出全方位、多角度与立体化的特点。受众在沉浸式感受新闻现场全景式报道的过程中，从旁观者的角色转变为体验者的角色，人工智能 VR 与 AR 技术的引入能为受众带来更加强烈的参与感，使其产生身临其境般的深刻体验。

（二）人工智能技术在内容分发与传播领域的应用

人工智能的推荐系统根据推荐算法的不同，可以分为以下三类（见图5-3）。

第五章　人工智能技术对传媒领域的影响与具体应用对策

```
                    2 协同过滤的推荐系统


  1 基于内容的推荐系统              3 混合型推荐系统
```

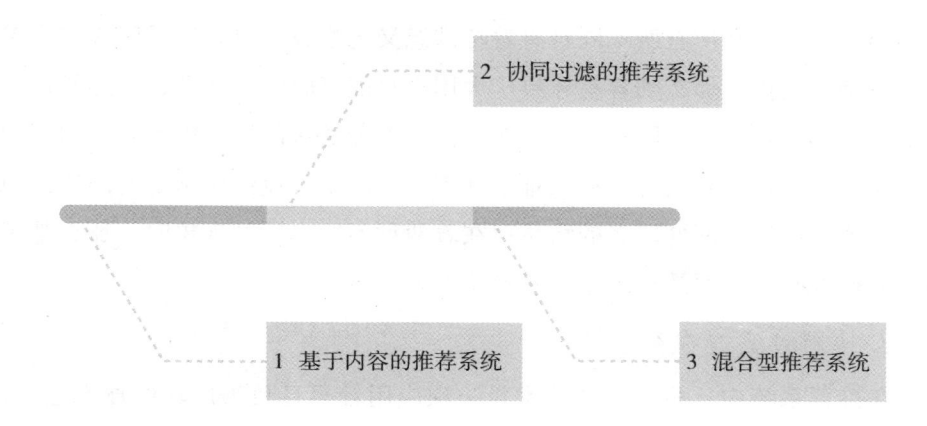

图 5-3　人工智能推荐系统的差异

1. 基于内容的推荐系统

以内容推荐系统为主的内容来源于信息检索与信息过滤。基于内容的推荐系统指的是结合用户过往的浏览记录，向用户推荐一些其没有接触过的推荐项目。内容过滤主要是采用自然语言处理、人工智能、机器学习等方式进行过滤。从综合角度来看，可以将基于内容的推荐方式分为启发式方法与基于模型的方法两大类。启发式方法主要是指用户结合多年的经验，对相关的计算公式进行定义，再结合公式的计算结果与实际结果进行验证，并不断对公式进行修改，从而实现最终目的；基于模型的方式则是把过去的数据看作数据集，再结合该数据集学习出一个模型。

基于内容的过滤系统本质上是比较简单、有效的，再通过使用用户与项目的描述文件，能够有效化解冷启动问题。因为无须用户的评分数据，所以，评分数据稀疏性难以对其造成影响。将推荐项目的基本内容特征列出，能够对推荐的原因做出直接解释，比较直观。基于内容的推荐系统的特征提取能力通常是比较有限的，如果出现过分细化的现象，那么单纯基于内容的推荐系统则无法为广大客户发现新的感兴趣的资源内容，而只能发现与客户自身兴趣比较相似的资源内容。此方式往往被限制在容易分析内容的商品推荐上，对于一些难以提取出内容的商品则无法产生比较满意的推荐效果，难

- 123 -

以找出与过去的经历有所不同且有着特殊意义的推荐项目。这是因为如果单纯进行项目处理，那么则容易导致广大用户只能接收到一些和过去经历比较相似的推荐项目，如此则丧失了更多的潜在推荐的可能性。因为基于内容的推荐系统主要是针对内容，所以难以处理内容品质、设计风格与使用者的观点等。如果在遇到两件同名的物品存在着两种不同本质的现象时，那么基于内容的推荐技术并不具备区分两者差异的能力。

2. 协同过滤的推荐系统

在推荐系统中，协同过滤技术是一项应用较早且较为成功的技术之一，协同过滤方法无须对用户与项目的特征事先进行获取与分析，而是主要依赖于用户过去的购买、评分、浏览或者页面驻留时间等行为，通过评分的方式对用户对于物品的实际反馈进行全面收集，对用户之间存在的相似度进行计算，结合与目标用户比较相似的其他用户对其他产品的具体评价，预测目标用户对特定项目的喜好程度，再由系统结合用户特定项目的喜好程度对目标用户进行推荐。

协同过滤系统主要从使用者的角度进行推荐，其优点如下：能过滤机器难以自动进行内容分析的艺术品、音乐等资讯；共享、共用他人的有关经验，能避免内容分析不完全或者内容分析不精确现象的出现，同时可以过滤一些比较复杂的，或者无法表述的概念等；具备推荐新资讯的能力，能够及时发现一些在内容上并不相似的资讯内容，使用者是无法事先预料推荐资讯内容的，可以挖掘其内在的兴趣与喜好等；提高了推荐个性化与自动化的程度，可以将其他相似使用者的反馈集中起来，加快个性化学习的速度等。相较于传统文本过滤，协同过滤的优点是显而易见的，在商业领域中往往就应用了协同过滤系统，许多的电子商务网站也采用了此项技术，旨在提高服务质量。

3. 混合型推荐系统

混合型推荐系统兼具基于内容的推荐系统与协同过滤推荐系统的优势，并改善了两者存在的不足。

第五章　人工智能技术对传媒领域的影响与具体应用对策

理论上，有关于如何组合基于内容的推荐系统与协同过滤推荐系统具有多种方式，而不同的组合思路适用于不同的实际应用场景，两者的组合思路大致可以分成三类，即后融合、中融合与前融合。后融合指的是将两种或者两种以上的推荐算法各自产生的推荐结果进行融合，如使用基于内容的推荐算法与协同过滤的推荐算法，从而分别获得各自的推荐列表，融合列表的结果最终能够在较大程度上决定所推荐的物品。中融合指的是将一种推荐算法作为基础架构，再将另一种推荐算法融入其中，如将协同算法作为基础架构，融入基于内容的推荐算法，或者以基于内容的推荐算法为基础架构，再融合协同过滤的算法。前融合指的是直接将各种推荐算法融于一体，如将基于内容与协同过滤的算法进行整合，使两者能够在统一的框架模型下并存，之后再生成推荐列表。

随着互联网的快速发展，网络环境变得更加复杂，单纯依靠基于内容的推荐系统或协同过滤推荐系统已经无法满足真实环境中的用户实际需求。在现实生活中，用户的实际需求通常是比较多样的，为了全面满足用户的实际需求，许多大型网站已经开始着手对混合型的推荐系统进行研究与建设。比如，某网络商店所部署的推荐系统除了有着简单的协同过滤技术之外，其中还涉及多种多样的个性化推荐服务、热门商品推荐服务等。

（三）人工智能技术在内容交互与体验领域的应用

如今，多媒体技术取得了快速发展，传统的传媒产业变化日新月异，并且新形式的内容交互与体验技术已经渐渐在各大领域中被充分应用，在无形中改变了人们的信息化生活。其中，人工智能技术在内容交互与体验领域的应用主要有以下三方面。

1. 自动播报的应用

基于人工智能技术的自动播报不是单纯把媒体文字转变为语音的形式，它旨在构建一个以算法为基础的模型，用于识别文字中应转变为广播格式的一些元素。目前，在人工智能技术的推动与催化下，自动播报功能已经逐渐发展起来，而且在传媒应用中具备比较可观的发展效果，在通信领域或者教育领域中均能看到自动播报功能的身影。

2. 手语合成的应用

手语合成技术主要通过智能化的方式识别用户的语音，以手语视频的形式，把识别出来的结果呈现在屏幕上，所以，这项技术为许多需要学习与使用手语的用户带来了便利。手语合成技术实际上需要语音识别模块、文字分词模块与视频合成模块等支持。语音识别模块和视频合成模块均与人工智能技术不可分割，基于虚拟人与视频拼接是手语合成的主要方式。

基于虚拟人技术的手语合成是丰富智能人机接口的前提条件，通过大型的计算机处理能够实现数字化虚拟人体。基于视频拼接的手语合成主要是用真人演示手语视频，在视频片段中找到最佳拼接点，并插入"过渡帧"，从而合成手语动画。

3. 有声合成播报的应用

有声合成播报能够把用户输入的文字自然而然地转换成语音输出，且该技术支持音量、音调等有关功能的设置，这大大转变了过去传统文字式的人机交互方式，从而使人机之间的交流更加流畅、自然。当前，语音合成技术在持续深入发展，参数合成与拼接合成作为两条基本的技术路线，均取得了长效发展，两者之间相互竞争、相互促进，在较大程度上提高了合成语音的质量，如此促使语音合成技术能够应用于众多的场景之中。在人工智能技术的快速发展背景下，语音交互日益受到人们的追捧与关注，尤其是深度学习技术对合成技术形成的巨大影响，将会进一步在语音导航、信息播报、泛娱乐等诸多领域中应用语音合成技术，这体现出了语音合成技术拥有更为广阔的应用前景。

（四）人工智能技术在内容审核与知识产权检测领域的应用

近年来，在移动互联网技术的加持下，自媒体平台日渐成为新闻生成与发布的新型互联网方式，并受到了广大青少年的关注与喜爱。面对海量的信息，人工智能技术的应用能够实现毫米级别的监控识别，能够提高有害内容的识别率，还可以结合预定的处理方案，实现对相关信息的过滤与替代。不仅如此，人工智能技术还可以用于传媒产业中，如检测版权、内容抄袭及侵权问题等，从而确保新闻传媒工作者自身的权益。

1. 有害信息的识别

有害信息的识别具有较大的挑战，这是一个典型的异结构大数据智能应用。传统的解决方案主要有三种（见图5-4）。

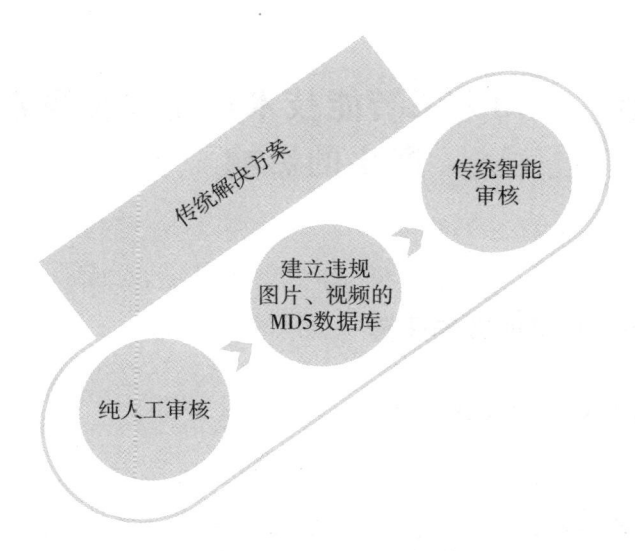

图5-4　传统的解决方案

纯人工审核依靠人眼进行鉴别，分析具体的图片或者视频是否违规，此方式可谓耗时耗力；建立违规图片、视频的 MD5 数据库，能够避免有害内容的重复分享，然而对于内容稍作变化的变种则显得力不从心；传统的智能审核根据图像、视频的颜色内容建模，切割、分类了图像，其准确率相对来说不够高。而新型的人工智能技术基于视频、音频、文本等，分别建设了不同的识别模型，通过大量的内容训练活动，模型能够自动将有害信息的一些基本特征提取出来，并灵活结合上下文的语境，自适应地进行判别与检测。

2. 新闻版权的检测

在人工智能技术编创过程中，出现了著作权的问题，其中有人工智能产生的图片与文字能否构成《中华人民共和国著作权法》保护的作品，及其本身创造出的商业价值与可能出现的侵权责任归属问题等。因此，许多国家致力在原有著作权法体系框架内，不断完善法律解释，在著作权客体保护范围内融入人工智能生成物，明确其归属，并对人工智能技术在编创过程中可能出现的一系列问题进行纠正与改善。

第二节 应用人工智能技术对用户及受众市场产生的影响

一、提高了报道时效与质量

（一）机器人写稿效率较高

在自然语音生成技术高速发展的环境下，当前阶段的人工智能能够自动生成大量的文本内容，国内外各个新闻媒体已经开始实行了机器人写稿，其根本优势是有着比较强的信息处理能力。机器人写稿主要是快速收集、整理、加工大量的数据与资料内容，再结合文字模板编写新闻稿。目前，机器人写稿已经在许多新闻报道中广泛应用。在新闻内容生产方面，采编人员具有主导性作用，虽然其中有思想、有高度的调查性、解释性的报道，仅仅依靠人工智能技术仍然难以完成，但是对于一些相对较简单的新闻内容生产制作，尤其是体育、财经等方面的资讯信息，采编人员通过采用人工智能技术生产模式，能够快速为广大受众传递一些新闻信息。

与传统的记者相比，机器人写稿还能够结合网络点击率与数据活跃度，快速筛选出下一个热点信息，再合成新闻信息，为用户进行新闻推送。机器人写稿的内容生产方式是结合大数据分析平台，在比较短的时间内筛选出新闻热点，并且抓取有关资料内容，学习固定的新闻模板而生成稿件。

（二）智能标引、剪辑等节省视频生产时间

人工进行视频剪辑往往需要消耗大量的精力与时间，而人工智能技术有着快捷、高效的特点，能够在较短时间内完成同样的工作。目前，人工智能技术在识别图像内容及提供标签等方面取得了一定的进展，能够在较大程度上帮助用户以前所未有的效率与速度拍摄视频，并且进行后期的视频剪辑与加工处理工作，对于视频行业的发展具有积极影响。比如，新华社应用智能多轨视频剪辑产品，编辑只需输入一篇稿件或者一个关键词，即可将新华社海量的图片与视频资源作为主要载体，并通过智能标引技术、语音合成技术等诸多智能化技术手段，一键生成高质量的短视频内容，大幅度提升了视频稿件的制作效率。

不仅如此，文图脚本自动生成视频、辨别拍摄对象自动抓拍等技术也已经进入人们的视野。2019 年，清华大学、北京航空航天大学、哈佛大学与以色列赫兹利亚跨学科研究中心的科学家共同合作建立了 Write-A-Video，采编人员只需要将自己脑海中的创意转化成比较简短的文字内容，就能够实现从选材到剪辑的一站式视频创作，从而生成视频内容。

如今，已经有了越来越多的技术媒体应用，新闻报道的时效性、深度性与质量等各方面都取得了一定的突破，可以帮助广大用户在较短时间内获取高质量的新闻内容，方便客户进行阅读。

二、拓展了产品形式样态

在"万物皆媒"的时代趋势下，越来越多的媒体结合人工智能、VR、AR、5G 等技术实现了跨界融合，创造出了更加多种多样的新闻信息产品形式样态。

（一）人工智能 +VR/AR 的沉浸式体验

新闻产品和 AR、无人机航拍等智能终端产品相结合，在较大程度上延伸与拓展了人类的拍摄能力，并且融合了语音唤醒、面部识别等诸多的人工智能技术，而一些智能化的可穿戴设备能有效实现精准拍摄，甚至能够完

成第一视角的图片和视频摄影录制工作，可以在较大程度上拓展新闻应用场景，拓展产品形态。

2019年，新华社作为媒体行业中首批进行5G试点的单位，在中华人民共和国成立70周年的报道中，创新应用"5G+VR+8K"的直播形式，带给用户震撼的视听体验，引起了海内外媒体的广泛关注与重视。不仅如此，新华社更推出了《60万米高空看中国》系列卫星新闻产品，综合采用遥感卫星影像、实景拍摄、航拍等诸多方式，进行了一系列的视频混剪、特效渲染与后期包装制作等工作，将其制作成了3分钟左右的短视频，将我国多个省份的变迁与发展全方位、立体化呈现了出来，使受众能够身临其境般感悟来自"太空视角"的中国，这条短视频的总浏览数量极多。新华社还结合VR、AR、智能图形识别等技术，推出了交互性强、视觉冲击力大的虚拟现实报道，将虚拟与真实融为一体，全面构建了一个交互性、沉浸式的环境，从而使广大观众在看新闻的时候能产生更加真实的体验。

（二）智能语音交互重构人机界面

语音交互颠覆性地创新了传播的方式，以智能音箱为代表的产品，使人们可以通过声音更加便捷地和智能终端进行沟通与交流。在鼠标、键盘、触摸屏之后，声音有很大的可能性对人机界面进行重构。音频已经成为"万物互联"的智媒时代比较重要的内容形式，能够帮助媒体拓宽新的流量入口。

人民日报、新华社、中央广播电视总台等已经开始了"听新闻"的尝试，基本上除了专业主播所制作的音频内容之外，新华社、人民日报与中央广播电视总台的新闻客户端均应用了语音插件，把文字新闻转变为语音的形式，使网民的手、眼得到了解放。比如，新华社在2019年上线的客户端6.0版，率先集成了新闻助手"小新"，这是一款智能语音交互助手，此举措深入探索了在音频资讯领域中智能化的多元应用。同年，《都市快报》在"天猫精灵"智能音箱中上线了音频新闻，广大用户可以通过《都市快报》客户端，或者"天猫精灵"智能音箱这两种方式收听相关音频新闻节目。

三、吸引用户积极参与互动

多种用途的聊天机器人在新闻交互应用方面显著提高了用户的黏度，视频换脸等前沿技术的创新应用同样令人惊叹。

（一）聊天机器人提高用户的黏度

数字化商业新闻网站 Quartz 做出了积极的创新，上线了采用人机对话的形式向用户推送新闻的客户端。Quartz 界面和传统的看新闻有明显的不同，它是一个单纯的对话窗口形式，当用户打开该窗口后，Quartz 会通过聊天式的口吻为广大读者推荐新闻信息内容。读者在看到自己比较感兴趣的话题时，可以自主点击该窗口下方的选项，与之进行对话与追问，从而了解、掌握更多的细节。Quartz 推送的内容大多经过了人工编辑人员的选择与编辑，用户和 Quartz 之间的互动则是通过机器而完成的。聊天式的新闻能够提高用户的黏度，使用户停留的时间变得更长，但是找到合适聊天的新闻类型是此类新闻产品面临的较大挑战。

一些新闻组织还借助聊天机器人生产临时性的新闻产品，而临时性的新闻产品制作并不是构建一个比较完整的新闻生产流程，生产者所开发的模型能不断循环利用。

（二）前沿技术强化产品的交互性

一些媒体除了运用聊天机器人，还采取了视频换脸等一系列的前沿技术，以期强化产品的交互性。虽然换脸、换装等玩法已经不是最新鲜的，但在设计、技术与情感影响上，均具有了新的突破。此类前沿技术在用户上传人脸照片形式的基础上，采取了人脸融合与图像分析技术形式，基于精细的算法模型，能够精准、快速定位人脸中的关键点，并且在面部层面上整合用户上传的照片和特定形象，这样能够将整合的结果在充分保留模板人物风格的基础之上，还带有用户的人脸特征。人工智能技术可以产生较好的人脸换装效果，为广大用户带来更加自然的体验，满足广大用户变美的心理期待，带动用户之间的自发分享与互动。在图片处理领域中，人工智能应用了神经网络、深度学习等有关技术，可以为普通用户提供充足的机会，使其享受奇妙、丰富的艺术与娱乐体验。

四、推动服务的精细精准发展

在现实生活中，大众可以选择符合自身阅读习惯和兴趣爱好的新闻产品，实现从"人找信息"向"信息找人"转化，这主要得益于数据挖掘与算法推荐等技术。这样可以充分满足大众的个性化需求，适应阅读分众化的时代趋势，并且在广告精准投放和动态定价两方面带来更大的商业价值。

（一）算法分发落实内容的智能推荐

许多媒体在内容推荐方面已经开始应用人工智能技术生成"算法新闻"，它使更多人通过算法接收新闻信息，而不是靠编辑来决定人们接收的新闻信息内容。这种全新的新闻推荐方式，针对用户本身的喜好进行分析与掌握，并且通过格式、时间以及频率，对每一个版本自动进行个性化的设置。

（二）智能技术辅助媒体广告经营

在商业推广方面，媒体经营应用人工智能主要涉及广告精确投放和动态价格变动两个方面。一方面，人工智能可以辅助媒体将潜在的用户识别出来，甚至能够结合其之前的行为进行综合分析，灵活设计说服策略与方式，包括为其提供怎样的信息内容，或者使用怎样的语言表述方式等。另一方面，人工智能技术能够对用户的情绪变化进行及时感知和追踪，并结合用户的喜好程度，适当对单篇文章的价格进行调整，从而使价格曲线与用户的接受习惯与心理需求相适应，并且呈现出动态变化的趋势，为内容的销售助力。

智媒体时代下，传播对象从模糊变得更加精细、清晰，从而告别了"模糊传播"，进一步实现了因人而异的传播与精准传播，用户的信息消费行为成为可追踪、可利用、可挖掘的。

五、提供场景的感受与体验

移动终端类型已经变得越来越丰富，且面临着产品的升级与转型，语音控制、面部识别等功能被普遍使用，大大转变了媒介用户的使用方式，优化、升级了用户体验，人与媒介之间的互动变得更加智能化，体现出了数字化时代的特征，并重新建立了媒介和用户之间的关系。

（一）智能终端普及大大转变用户媒介接触的习惯

随着智能终端的广泛普及与使用，转变用户的媒介接触习惯，为广大用户带来了更多的场景化体验，使观众从电视端转移至网络端与移动端。近年来，我国电视的开机率呈现出不断下降的趋势，观众已经不断被手机移动端与互联网分流。与电视相比，用户使用手机移动端和电脑端的时长与频率更高，手机移动端使用户的媒介使用地点由家庭与工作场合变成了全场景覆盖。过去，用户通常是在家看电视或者在工作地点使用互联网，形成了比较传统的媒介接触习惯，如今，用户已经更加倾向在公共场合中应用手机移动终端进行互联网访问，便于他们在地铁、公交车、图书馆等各种公共场所中接触媒介，且用户从"三屏分立"的使用方式逐渐转变成了"多屏联动"的使用方式。如此，电视、电脑、手机中的内容不再是独立的，而是可以借助蓝牙、互联网等多种技术达成共享。在此背景下，用户能够通过手机或者电脑观看电视节目，甚至可以实现电视联网，在电视上播放与观看互联网中的音视频内容。

（二）人机交互不断优化用户的媒介使用体验

以视觉、听觉、触觉等感官系统为着手点，媒介产品设计力求不断提高用户的使用体验。用户终端的发展历程如下：文字智能联想—屏幕手写式输入—触摸屏—全面屏，已经实现了由按键到触屏的转换。最初使用的是OCR文字识别技术，再转变成自动文本翻译及指纹、人脸解锁等技术。明显可以看出，产品的实际操作效率与易用性在不断提高。媒介由主动订阅页面的自动切换，再转变成智能化的推荐，其以更加强大的记忆能力，综合考虑用户的使用习惯，为其提供更加个性化的服务。

（三）原生广告与内容植入改善用户的阅读体验

原生广告是指比较重视用户真实体验的互动广告，将用户日常中的使用习惯作为主要切入点，争取在不打破用户实际体验的基础上，尽可能为广大用户提供一些具有较强价值的信息内容，其渗透于网站与界面本身，并且已经成为其中比较重要的一部分。原生广告的内容植入与呈现的关键手段并非争夺用户视觉上的注意力，所以并不会对平台本身的和谐性造成破坏，但是原生广告提供的较有价值的信息内容会对用户产生积极的引导作用，使用户更加乐于参与其中，积极主动地进行分享。原生广告与普通的网站广告有一定的不同，不会被人一眼识别出来，使人可以轻松避开，原生广告无论是在内容还是在形式上，均为自己披上了一层保护衣，甚至可能使用户无法意识到自己正在浏览一条广告，或者即便知道自己在浏览广告也愿意观看。

第三节　人工智能技术对媒介生产传播的全流程再造

一、智能化采集

21世纪以来，从数据新闻领域中的实践来看，公共设施中的传感器数据具有重要的作用，能够为新闻报道提供一些主要的素材内容。5G的演变方向除了适用于人和人之间的通信之外，更适用于人和物，乃至物和物之间的通信。5G网络的特点之一是高容量，可以承载规模更大的数据流动，使传感器在未来无所不在。

理论上，无论是汽车、电器，还是办公设施、家居用品等，均能被纳入物联网的连接中，具备接收、储存与传输信息数据的基本功能，变得更加媒介化。信息源也因此被重新定义，不仅指向了人，更涵盖了物。万物互联之后，势必会出现数量、规模与品类比较丰富多样的全新的内容产品，即传感器资讯或传感器新闻。比如，为了全面形成更加密集化的5G网络覆盖，一些城市对公共场所中的"智慧灯杆"进行了一系列改造，使其变成了微小基站，不仅如此，智慧灯杆还具有智能照明、视频监控、紧急呼叫等多种功能，未来能够在信息采集与传播中发挥更为强大的作用。

在传统的新闻生产研究中，媒体按照地理边界化、组织专门化和部门分工化原则分布记者。新闻网络往往定位于中心机构场所，这大大限制了新闻事件的发生范围，记者往往难以触及视线之外的事件。然而，随着科技的不断进步，未来的新闻生产模式将发生重大变革。全方位的传感触角与传感器新闻的广泛应用，将构建起全新的新闻网络，其甚至能够做到无处不在，突破人力采访的局限，拓展新闻采集的范围和深度。传感器如同无数个敏锐的触角，分布在各个角落，能够捕捉到丰富多样的信息，为新闻报道提供更多的素材。媒体机构在挖掘传感器的海量数据的过程中，可不断寻找有价值的新闻线索，从而丰富新闻来源，使新闻的内容更加具有深度。比如，湖南广播电视台的5G智慧电台，通过智能抓取和编排快速生成广播电视节目，为新闻生产带来了新的思路和方法。然而，面对海量数据，如何筛选出真实、准确的信息，如何避免数据的误导，是新闻从业者需要面对的问题。同时，传感器新闻也对新闻伦理提出了更高的要求，如保护个人隐私、确保数据安全等。

将来很有可能出现的情况是：一方面，大量的社会公共信息能够以智能化的方式生成、发布，或直接被传送至媒体机构，或被媒体智能抓取，如此，则无须媒体记者进行走访与采集；另一方面，在许多的采访活动中，很多记者为了更加准确、深入地获取有关的信息，除了需要对当事人进行采访外，还将求助于"当事物"，也就是掌握"物"所存储的有关信息。比如，在采访某一起交通事故的时候，一般需要调取监控，原因在于监控探头是这起交通事故的"知情者"。在5G大连接的时代背景下，许许多多的物体均会具备相似的"检测环境"功能，成为媒体的信息来源。比较常见的有传感器新闻、摄像头新闻、无人机新闻等,这些均在日常的新闻采集工作中占据越来越重要的地位。基于此,"全员媒体"的外延将从全新维度下拓展开来,不仅仅是"人人参与",更为重要的是"物物参与"信息传播。

二、智能化制作

人脑的思维方式往往是不擅长进行数据统计的,而在财经、体育、灾害等数据新闻比较多的领域内,融合机器人算法与自动化生成已经成了比较常见的方式。和以前初级的"弱人工智能"相比,"5G+"时代融合了云计算和深度学习的"强人工智能",拥有了较快的发展速度。以前初级的"弱人工智能"依靠着人将规则、规律变得模型化,以单一的程序进行控制,所以只能从事一些比较简单的、重复的工作内容。"5G+"时代融合了云计算和深度学习的"强人工智能",能够通过5G网络支持下的海量、优质的数据信息,以自主学习的算法方式,自动生成模型,在数据中不断总结规律、提取知识,所以通常可以胜任比较多样复杂的工作内容,"强人工智能"可以在较大程度上提高媒体内容产品的智能制作水平。

借助对用户大数据的积累和分析,以及文字识别、语音识别、图像识别等有关技术的快速发展,传媒业的智能制作结合将进一步涉及编排、配音、剪辑、字幕等一系列环节,使媒体人员从日常中的一些烦琐的事物中解脱出来,获得解放。这样一来,他们才能有充足的精力与时间投入创意性、策划性等核心工作中,进一步提高内容生产的效率与质量。目前,已经实现了语音转文字、自动字幕、智能导播等,在智能检索的快速发展和节目素材的全面标签化背景下,未来有可能在媒体资源系统中搜索文稿或者节目,甚至可以实现用图搜图、用图搜视频等一系列功能,其中涉及指向具体人物、画面与场景等搜索,能够在无形中为媒体生产带来便利,并且可以开发媒体资源库存等,不断提高资源利用率。人工智能的自主学习功能可以使其在对相同类型节目进行观摩、分析的前提下,切实执行工序比较烦琐的视频剪辑工作,进而促使视频产量呈现几何式的增长趋势。同时,人工智能还融合了观众测评,将观众测评的结果反馈给内容生产团队,使内容生产团队能够精准把握观众的反馈信息。比如，上海广播电视台的受众测试中心综合应用了脑电波采集、面部表情识别、电子问卷等功能，打造了一个大数据情感交互测评体系，通过人工智能展开系统化的分析，能够为节目团队提供一些改进意见。

三、智能化播报

21世纪初，国外就已经出现了虚拟主播。2001年，世界上诞生了第一个虚拟主持人——"阿娜诺娃"（Ananova）。但是，其只能呈现类似于卡通的虚拟形象，并且呈现的形象表情呆板、语调僵硬，好似一种机器播报装置，无法实现仿真的转播效果，所以在主流媒体中很少出现。然而，随着近年来人工智能的快速发展，尤其是语音识别技术的不断进步，虚拟主播的形象、动作、语音等和"阿娜诺娃"时期相比较，已经取得了显著的进步。在媒体融合时代背景下，主流媒体对智能主持、智能播报也产生了较大的影响。在人工智能的推动下，高度仿照真人成为虚拟主播的研发方向。

目前，在人工智能"分身"技术的支持下，通过诸多复杂的提取、识别、建模等程序，已经可以合成出高度仿真的人工智能主播。只需要输入文稿，虚拟主播就能实时进行播报，并且在虚拟主播播报的视频中，基本上能够实现语音内容、表情、肢体等的一致，几乎与真人主播的传播效果无异。

与真人相比较，虽然虚拟主播的表情、语调等诸多方面显得比较生硬，但是在"5G+"时代下，智能主播能够随着人工智能技术的演进与升级而持续产生革新与改变，通过自然语言处理技术与语音动画合成技术的升级，能够提高准确度、逼真感与亲和力，可以缩小虚拟主播与真人的外在差异。当然，虚拟主播缺乏人的认识与感知能力，难以和人类进行深入的交流，同时相对缺少紧急应变的能力，所以虚拟主播的功能依旧局限于资讯播报领域中，无法真正替代人类。

四、智能化审核

5G时代的到来，使数据量和信息量呈几何式增长，对信息的"把关人"

系统和机制有了越来越高的要求，使人工智能因素的加强成为必然选择。智能审核系统基于海量标注数据和深度学习算法而实现，设立了含有多个模块和功能的"防火墙"。例如，可以有效识别、过滤敏感人物和词汇、特殊符号等。以图像、语音、文字识别技术为辅助，智能审核系统可以高效审核海量信息内容，对各类可能出现差错的内容进行提示和报警，在鉴谣、辟谣环节发挥重要作用，极大地提升了审核的效率和准确率。对于媒体机构而言，智能审核系统可以确保发布内容的准确性和合法性，提升媒体的公信力。同时，相关管理部门也能借助智能审核和舆情监测系统，依照法规更为及时、高效地对媒体传播活动进行监控，实现精准监管和靶向监管，有利于维护良好的信息传播秩序，营造健康的舆论环境。随着"5G+"时代信息传播渠道的不断丰富，智能审核系统的应用不再局限于媒体内部，而是趋向社会化，成为内容风控业务的重要技术支撑。

第四节 人工智能技术助力新闻媒体创新发展的应用对策与建议

一、探索智能化发展战略

从报纸到广播，从广播到电视，任何一项重要的技术革命均能产生新的新闻业态。从手写稿到机器写稿，从胶卷相机到数码相机，任何一项重大的技术突破，均能在一定程度上推动新闻业产生革命性的发展。目前，新闻媒体已经逐渐从互联网时代转向了人工智能时代，人工智能技术进一步促使新一轮媒介技术产生变革，使媒体和智能的关系变得更加密切，将人工智能技术作为代表的前沿科技，将会成为未来媒体发展的主要驱动力。

主流媒体需要综合考虑自身的发展特点与实际情况，尽可能早地进行谋划，制定智能化的发展路径，紧紧把握人工智能、大数据、数字化等发展机遇，打造属于自己的特色，争取新的竞争优势。虽然一些新兴资讯平台本身不生产内容，但却能通过推荐算法和大数据分析掌握主要流量，新技术新应用不仅深刻地影响了传媒产业的生态发展，而且越来越展现出了颠覆传媒产业整体结构的优势。

随着人工智能时代的到来，具备资源优势的媒体应体现出自身的引领作用，主动、积极研究新的发展路径，加大力度自主研发人工智能技术，掌握现代化新兴技术的核心，全面构建移动化、智能化、社交化等新媒体平台。除此之外，媒体产业应尽可能强化和头部科技公司的技术研发合作关系，尽量拓展前沿技术的引进渠道，以确保在智能化、数字化的时代发展浪潮中能遥遥领先。

二、顺应智能化发展趋势

从全球化的角度来看，传统媒体转向新媒体并不是一帆风顺的，传统媒体本身比较缺乏技术与互联网思维。人工智能技术的更新迭代，对传统媒体的转型与发展模式产生了直接或者间接的颠覆，传统媒体机构应不断学习新的观念与理念，积极顺应当今智能化发展的新兴趋势，持续探索新的体制机制、组织架构与业务流程等，在真正意义上实现智能化转型与发展。传统媒体人应积极主动求变，转变陈旧的媒体思维，对人工智能发展的新趋势形成全面的认识与了解，加强现代化新兴技术的应用，提高对内容创新关系的认知。

三、改变新闻生产体制机制

新闻生产随着数字技术、人工智能技术等不断发展，已经从过去的组织化生产转变为社会化生产，一些新兴信息聚合类平台不断增强了本身的影响力，主流媒体只有通过应用新技术，充分将自身新闻生产专业化、精品化的优势体现出来，才能真正适应当前日益激烈的市场竞争环境与条件。

人工智能技术对新闻生产方式有着直接影响，对未来媒体发展起着推动作用。主流媒体的智能化创新与融合发展并非局限于应用新技术或设立新部门，而是全面融合媒体资源，以核心技术和关键技术为支撑，对新闻生产全流程进行再造。如人民日报社的"中央厨房"和新华社的"智能化编辑部"，皆是主流媒体积极探索的范例，体现了媒体在技术变革下的主动求变。人工智能技术为新闻生产带来了更高的效率和更丰富的表现形式，促使主流媒体不断创新，以更好地适应信息时代的发展需求，提升自身的传播力、引导力、影响力和公信力，为新闻事业的发展注入新的活力。

在人工智能环境中，主流媒体不仅要加大技术研发力度与资金投入，更要尽快推动新闻生产体制机制的创新与变革，以新制度为载体，实现技术与新闻生产要素的全面整合与优化，有效吸收各类资源，引进综合型人才，构建管理扁平化、产品全媒化、功能集中化的融合发展体系。体制机制创新能促进资源的合理配置，提高新闻生产效率。通过整合技术与要素，可充分发挥人工智能等技术的优势，提升新闻质量与传播效果。引进综合型人才，有助于推动新闻生产的多元化发展，满足不同受众的需求。同时，释放科技潜能、激发创新活力、发挥技术引领作用，能使主流媒体在新时代更好地履行职责，为社会提供更有价值的信息服务，促使新闻事业不断进步。

四、促进内容智能化的创新建设

新闻媒体的生命力源于优质内容，在人工智能时代，新闻报道在形式、手段及内容创新方面不断发展。媒体融合与智能化的目标是生产优质内容，提升影响力，获取受众认可并提升其认同度，以更好地发挥新闻媒体的价值与作用。主流媒体在融合与应用新兴科技的前提下，应持续助力前沿技术的发展，使之能够为内容创新赋能，有机融合内容创新与形式创新。

传媒产业不仅要重视新技术的应用，还要深入挖掘内容，提升技术与内容表现和传播的适配度，实现新闻内容与前沿技术的完美衔接。传统媒体需适时转变，以适应数字化、智能化、移动化的发展趋势，将内容优势转化为传播优势，把优质内容与生动表达结合起来，把宏大主题与现代流行元素结合起来，构建媒介传播新渠道，促使传统媒体在新的传播环境中实现转型升级。主流媒体则应充分应用前沿科技，对新媒体传播的规律与受众市场进行深入研究，持续改进并优化产品设计，完善产品形态，提升产品质量。

五、全面整合市场科技资源

当今时代，5G、云计算、物联网等新兴科技产业对传媒产业发展生态产生了深刻影响，主流媒体的科技研发能力增强成为关键问题，以科技公司的力量为基础，是适应先进技术新局面与新变革的重要途径。因此，主流媒体应跨界整合市场中的科技资源和技术力量，实现终端融合、产品融合与人员融合等多方面拓展，达成跨越式发展，进而掌握信息市场主动权，构建科学的信息传播生态圈并生成价值体系。

科技公司虽掌握核心技术，但缺乏适应媒体现实需求的应用场景，传媒产业与科技产业的合作实际上是一种"双赢"的态势，但未来围绕核心技术与知识产权可能产生诸多新的博弈。主流媒体的海量数据与应用场景能完善科技公司的技术能力，为其提供打造新的市场化平台与产品的机会，但传统媒体往往难以真正进入科技产业市场。因此，传统媒体在整合市场科技资源的过程中，应加强探索与研究，建立媒体联盟机制，以此与科技巨头博弈，共同维护传媒产业权益，增强核心竞争力。如今，头部科技公司凭借前沿技术打造了新型信息聚合平台和开放性媒体智能基础设施，人工智能等前沿技术深度介入新闻传播领域。主流媒体的融合与发展需依托这些设施与平台，所以在资源整合和博弈中处于弱势地位，而中央级媒体具有无可替代的资源优势，作为主力军应主动积极地探索技术资源整合方式和多元化发展路径，充分展现科技赋能效应，保障媒体融合的深度发展。

新兴科技产业与传媒产业的融合是时代发展的必然趋势，科技的进步为传媒产业带来了新的机遇和挑战，促使传媒产业不断创新和转型。主流媒体与科技公司的合作与博弈，反映了不同产业之间的资源互补和利益冲突。在这个过程中，如何实现优势互补、共同发展，是需要深入思考的问题。主流媒体应充分认识到科技对传媒产业的重要性，积极提升自身的科技研发能力；通过跨界整合科技资源，实现技术与内容的深度融合，提高新闻传播的效率和质量；利用自身的海量数据和应用场景，与科技公司合作开发新的产品和服务，满足受众日益多样化的需求；关注传媒产业的现实需求，加强与主流媒体的合作，使科技公司更好地了解用户需求，优化技术产品，提高市场竞争力。科技公司应尊重传媒产业的知识产权和权益，共同维护良好的市场秩序。

六、注重挖掘数据价值

主流媒体凭借长期积累的丰富采编资源，为报道质量的提升奠定了坚实基础，从而更好地履行自身的职能。然而，在当今时代，人工智能技术的发展对媒体行业产生了深刻影响，其可用性在很大程度上取决于数据的质量与数量。如果缺乏有效的数据支持，媒体智能化水平的发展将受到限制。因此，主流媒体应重视创新研发数据产品与制作工具，为新闻组图、数据图表等可视化产品的供给创造条件；应通过对数据价值的深入探索与挖掘，加强一体化大数据管理体系的建设；应整合共享数据资源，进行数据标引和结构优化存储，结合先进的算力与算法，提升数据处理能力；还应积极探索建立传统主流媒体独有的数据生态系统，将大数据分析融入新闻生产的各个环节，实现从基于经验到基于数据的转变。中央广播电视总台和新华社等主流媒体应积极开展大数据智能标引平台建设，深度挖掘数据资源的标引价值，对复杂内容进行精细化处理，使人工智能更好地理解新闻内容和用户需求，从而有效提高新闻生产的效率和质量，为用户提供更加个性化的新闻服务。

七、培养全媒化的人才队伍

当前，随着科学技术高速发展，媒体行业发生了深刻变革，媒体从业人员的技能水平需不断提升才能适应新的时代要求。智能媒体的发展需要与之相匹配的"智能＋编辑记者"，未来对复合型新闻人才的需求极为迫切。在人工智能时代，主流媒体的转型与发展首先要做好基础准备工作，即打造技术复合型媒体专业团队，大力储备技术型媒体人才。高校与媒体行业应携手合作，共同致力专业化人才培养和加强人才培训，以满足传媒业未来全媒化与智能化发展需求。

高校新闻专业教育应切实与传媒产业实践统筹协调，建立良好合作关系，针对传媒产业实际情况制订人才培养计划，从而培养出既具备扎实新闻专业知识又掌握先进智能技术的人才。主流媒体强化对采编人员的智能技术培训，能促进采编人员与人工智能的创新融合发展。智能媒体时代对人才的要求除了掌握传统新闻采编技能外，还需熟悉人工智能、大数据等技术在传媒领域的应用。复合型新闻人才不仅能够更好地运用智能技术挖掘新闻线索、进行数据分析和制作可视化新闻产品，还能在人机协作中发挥主导作用，确保新闻的真实性、客观性和价值导向。

第六章 "5G+"时代对传媒产业结构的重塑及其实际应用路径

第一节 "5G+"时代对传媒产业结构与功能的重塑

一、"5G+"时代对传媒产业结构的重塑

（一）传媒运营战略由规模经济向范围经济转型

基于传统媒体垄断市场的时代，充分发挥了媒体的规模经济效应，主要可以在如今的报刊内容扩版以及广播电视扩充频道等方面体现出来。规模经济本质上指的是生产或者经营某单一产品而增加的企业规模，使得生产或者经营单位产品的成本大大降低，促进生产效率的提高。长期以来，传统媒体主要是生产如报纸的文稿这种单一介质形态的信息产品，然而由于传统媒体本身的垄断性相对较强，通常可以吸纳诸多的广告资源，能够在扩张规模的同时，促使平均成本逐渐降低，所以普遍能够在产能的增加中持续提升经济效益。规模经济主要是以大规模进行生产而逐渐形成的，关键在于满足标准

第六章 "5G+"时代对传媒产业结构的重塑及其实际应用路径

化与同一化的市场需求。在规模经济主导的阶段中，媒体的结构与功能基本上体现出了以下几个特征（见图6-1）。

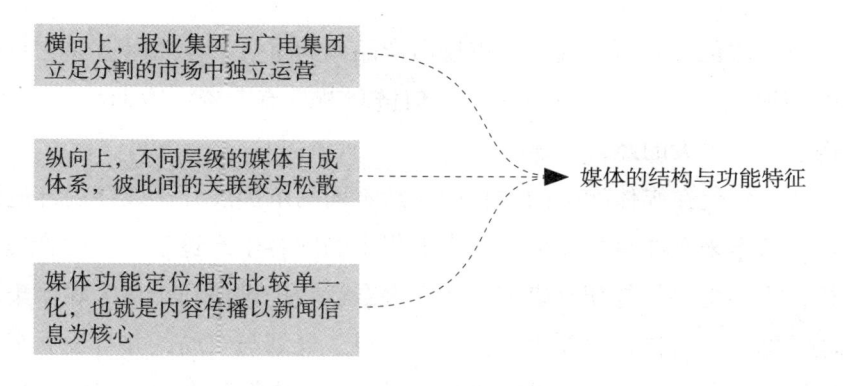

```
横向上，报业集团与广电集团
立足分割的市场中独立运营  ┐
                          │
纵向上，不同层级的媒体自成 │
体系，彼此间的关联较为松散 ┼──► 媒体的结构与功能特征
                          │
媒体功能定位相对比较单一  │
化，也就是内容传播以新闻信 ┘
息为核心
```

图6-1 媒体的结构与功能特征

然而，随着人们更加倾向于多样化、个性化的信息需求与渠道选择，传媒生态发生了至关重要的改变。可以明显看出，传统媒体的产能出现了过剩的现象，所以其纷纷开展了供给改革，对频道、报刊进行关停并转。由此也能看出，传统媒体的规模经济效应已经成为"过去式"。

如今，传媒界已经加快了新旧媒体融合的脚步。在媒介经济领域中，范围经济越来越受重视。范围经济具体是指借助单一经营单位的生产与销售过程，联合生产、经销各种产品。与规模经济有一定的差别，范围经济形成成本下滑曲线的主要原因是产品种类更加多种多样，其着重于满足多样化与差异化的市场需求。

在媒介融合的深入推行下，以往的不同媒介之间所存在的市场界限与物理技术界限已经被打破，所以一种类型的产品已经逐渐变得不够用。对此，转向生产全媒体信息产品已经成为迫切的需求，力求基于多元化的渠道，结合内容实现降本增效。规模经济和范围经济存在着不可分割的关系，两者之间具有相互关联、彼此促进的作用。综合来看，规模经济和范围经济的发展路径不同，其着主要分别是单一产品生产与多样化联合生产。在面向未来的规划与布局中，如今的传媒运营战略已经发生了转变，由追求规模经济转向了追求范围经济。

（二）媒体融合的一体化运行重塑

1.横向一体化运行重塑

横向一体化主要是将现有的市场与产品作为重点，以水平方向进行业务范围的拓展与延伸，联合处于相同价值链环节且有着资源方面优势的企业，从而构成一个更大的经营实体。

媒介一体化在媒体融合的进程中，从不同的范围展开。媒体内部进行整合，把一些本来存在着关联但是又未能集中的内容生产置于统一的管理系统下运行，为传统媒体与新兴媒体的相互融合运转提供便利。各大媒体集团积极构建了融媒体机构，对新媒体的矩阵进行了规划与布局，并且设立了"中央厨房"，在传统新闻生产的基础上转型至全媒体新闻生产，这恰恰是横向一体化运行的开始。基于此，目前的横向一体化已经远远超过了单一的媒体集团，并且在更大的范围内实现了水平整合。比如，2018年，中央电视台（中国国际电视台）、中央人民广播电台、中国国际广播电台合并，天津市几家报社与广播电视合并等。在完成整合之后，由一个企事业主体负责原本属于多个主体的平台、端口与媒体进行内容生产与运营，进而形成了实限范围经济的必要条件。

媒介范围经济的实现是基于一个媒介在生产和传播两种或多种信息产品时的成本低于不同媒介分别进行有关操作的总成本，主要以多种业务的统筹运营来完成，提高了人力、资金、技术、设备、品牌等各种资源的利用效率，实现共享与互补的集约化生产。以天津为例，2018年合并成立的海河传媒中心，就很好地诠释了这一点。在合并前，报社和广电机构是独立存在的，合并后开始"报纸无社、广电无台"的一体化运作。从海河传媒中心负责人在合并后的几个月内公布的信息来看，海河传媒中心通过资源整合和统筹经营，其整体经营趋于平稳。尤其是报纸板块经营恶化的趋势得到了遏制，可将此视为范围经济效应的初步显现。目前，全国各地的县级融媒体中心已经将县域内的报纸、广电和网络媒体进行了整合，不少地级市也进行了报台合并的改革。长久以来，报纸与电视台分离的局面正逐渐被重塑。根据集团内部的互动和整合，传统媒介可以共同适应新的媒介环境。媒介企业在集团内部的重组和整合，可以带来显著的范围经济效益。例如，单一媒介企业可能需要大笔资金的投入建立其渠道和品牌，而在融媒体中心内，不同媒介的资源可以共享，减少了重复建设的成本，且技术和设备的共享也可大大提高利用效率，避免资源的浪费。人力资源可以在不同媒介间灵活调配，充分发挥每个人的特长，而不必局限于单一媒介的操作。我国的国情在较大程度上决定了传媒一体化的方式关键在于行政整合，优势是整合的效率比较高。

2. 纵向一体化运行重塑

纵向一体化运行模式能够有效防止重复建设的现象出现，从而满足不同层级媒体的多重需求，并打通有关区域中的媒体资源，促进一体化效能的提高。媒体融合与技术发展正在改变过去的状态，5G牌照的发放在全国有线电视网络整合方面具有一定的催化作用。2020年，中国广电网络股份有限公司成立，这体现了全国广电网络的统一运营管理具有实质性意义。本质上，传统的有线电视是一种闭路系统，但是基于当下5G网络的开放，我国的传媒产业应及时借助有线网络整合和广电5G建设的一体化发展，加强自身的纵向一体化运行，进而综合构建一个互联互通、高起点的现代化传播网络。

二、"5G+"时代对传媒产业功能的重塑

"5G+"的特点是容量较大，且有着较快的速度。"5G+"时代，大多数的数据都可以在1毫秒内完成传输，在更多的行业中覆盖。

（一）重塑移动互联时代的传播形态和场景

"5G+"时代在发展的过程中，可以在潜移默化中促使不同的行业实现自身的数字化发展，特别是把现代化AI技术、大数据技术与云计算技术等，和"5G+"相互形成配合，从而迎来通信技术的新时代。基于4G网络发展的经验，5G网络的应用有了一定的理论支撑，参考4G网络的应用情况和规律，相关领域进行了积极的创新，使5G技术已经在我国各行各业的发展

中趋于成熟，适用于各行各业。无论AI、AR、VR，还是社交网络等多元化的网络应用设施，都能够把"5G+"和数字化的信息输入作为功能键。在"5G+"的支撑下，我国的传媒产业规模建设相对更大，并且已经逐渐成为市场中比较具有发展潜力的一个应用领域。

（二）基于虚拟和现实的融合拓宽信息传播

在5G的推动下，信息传播的媒介已经不再局限于传统的电脑屏幕，虚拟和现实世界的界限越来越模糊，从而为现代化的各种虚拟环境逐渐具备实体化建设的可能性打开了大门。智能家居、虚拟现实娱乐、远程医疗等，均在5G的助力下，逐渐从概念走向现实，拓展了信息传播的广度和深度。当前，网络技术在传播过程中所涵盖的内容已不单纯是简单的文本、图片或视频。"5G+"时代的信息传播，更多的是以交互式、即时性和沉浸感为特征，将虚拟映射到现实生活中。过去，人们不得不通过屏幕观察虚拟世界，而今，VR已经能够直接嵌入人们的日常生活，成为人们实际生活的一部分。虚拟与现实的融合可以使人们体验远程旅行和逼真的虚拟购物，甚至身临其境地参与网络会议。这提升了信息传达的效率和精确度，并使信息传播的形式变得丰富多彩，满足了人们的日常生活需求。

在当今时代发展的背景下，每个人的生活都逐渐展现出泛媒介特征。每个人本身就是一个信息传播的媒介终端，所以个体自主性在信息交互中显得尤为重要。"5G+"时代使得人们可以更加自由地表达自身诉求，并通过各种终端设备进行高效的交流。新的媒介形态使人们从过去单一的信息接收者角色转变为信息发布者角色，充分展现了个体在信息传播过程中的主动性和创造性。5G网络使人与人之间的相互连接变得更加紧密，人与人之间的沟通和物与物之间的连接也变得更加频繁和高效。例如，智能家居设备通过5G网络实现了无缝连接，可以在秒级时间内进行信息交换，使家庭生活变得更加便捷和智能化。与此同时，车联网技术的推广，也使得汽车之间可以进行实时数据交互，提高了交通安全和出行的效率。这均表明了5G网络技术的发展方向正在一步步推动虚拟世界与现实世界的深度融合，不单是科技上的进步，更是社会生活方式的一次重大转型。5G带来的信息传播的新模式能延伸信息传播的宽度，并且能大大丰富信息传播的形式和内容，使信息的获取和分享变得更加便捷和多样。

第二节 "5G+"时代环境下传媒电视业的转型

一、大屏与直播电视频道的分离化态势

（一）时移收视的逆势增长

随着移动互联网的迅猛发展，传统电视的观众收视行为正在经历深刻且不可逆的变化，总体的收视时长逐渐下降。互联网的普及和智能设备的广泛应用，使得观众在获取视频内容的方式上变得更加多样和灵活，给传统电视行业带来了新的挑战，并在无形中催生了许多新的机遇和模式。移动互联网的普及便于人们随时随地观看视频，使人们不再受限于固定的电视播放时间和地点，而是可以通过智能手机、平板电脑等移动设备，在任何时间、任何地点轻松访问各种视频内容，改变了观众的观看习惯，使得传统电视的收视模式逐渐失去吸引力。随着流媒体平台的崛起，观众对内容的需求和期望也发生了变化。流媒体平台提供了丰富多样的节目选择，并结合精准的个性化推荐算法，为用户推送符合其兴趣和偏好的内容。观众更倾向于根据自己的时间安排和兴趣爱好，自主选择和观看内容。

相较于传统电视的单向传播，互联网视频平台提供了更多的互动机会，如弹幕、评论、点赞等功能，使得观众能够在观看视频的同时参与讨论、分享观感，增加了观看视频的趣味性，促进了观众之间的交流，使得观看行为更加丰富多元。移动互联网的发展推动了短视频的兴起。短视频以简短、精炼和高度的娱乐性迅速赢得了大量用户，特别是在年轻人群体中受到了广泛

欢迎。与传统电视的长时间观影形式不同，短视频满足了现代人快节奏生活下碎片化时间的利用需求，成为一种新的主流消费形式。

传统电视行业也在寻求变革，尝试通过数字技术和智能化设备来适应这一变化潮流。一些电视台开发了自己的移动应用，提供直播和点播服务，以便观众能够随时随地观看。智能电视的推出进一步模糊了传统电视和互联网视频的界限，令观众在电视大屏幕上能够享受到互联网视频的丰富内容和交互体验。即便如此，传统电视的改造路径仍充满挑战。如何在保持自身优势的基础上，与互联网视频平台竞争，以吸引和留住观众，成为电视行业亟待探索和解决的问题。大数据和人工智能技术的应用或许可以提供一些答案，其对观众行为和偏好的分析，可以使电视台更有效地进行节目制作和分发，提升观众的观看体验。

未来技术的发展在很大程度上取决于新互动方式的探索创新，可以遇见在三十年内，任何缺乏密切互动的事物可能会被视为"失效"。在如今的大屏幕背后，除了有传统电视运营商的身影，电信企业、各大视频网站及互联网科技巨头也纷纷加入，结合 IPTV、OTT 机顶盒为观众提供丰富多样的内容选择。IPTV 和 OTT 与传统有线电视相比，其在内容资源和互动性方面具有显著优势，逐步扩大了用户群，而有线电视用户则呈现逐年减少的趋势。基于此发展趋势，大量视频节目（包括超高清节目）已经不再依赖直播频道作为传播途径。相反，为了适应不断增长的时移收视需求，内容提供商需要丰富其后台节目库和数据库的资源，以服务包的形式使观众的观看体验更具自主性和灵活性。比如，上海东方明珠旗下的百视通 IPTV 就建立了一个包含 2000 小时节目的专区，涵盖了影视、体育、纪实、综艺及少儿节目等多种类型，以满足用户的个性化点播需求。大数据分析和人工智能技术为内容提供商提供了更大的便捷，使之能够更准确地预测观众的需求，优化内容推送策略。观众的观看历史、偏好和行为数据将被用于生成个性化推荐，为每个观众提供符合他们兴趣的内容，提升观众的观看体验，并且为内容提供商开辟新的盈利渠道。

第六章 "5G+"时代对传媒产业结构的重塑及其实际应用路径

（二）以新型屏类为智能家居入口

"5G+"时代将会为人工智能技术提供海量的数据与更优的算力，综合提高云端与终端的智能协作。因此，电视大屏也将由弱智能升级至强智能，计算能力和有关的各项能力能够得到大幅度提高。虽然尺寸具有一定的不同之处，但最终电视大屏将会和移动屏的功能与应用方面进行结合，能够为处在不同场景中的用户提供更加适配的选择。

针对当前情况来看，各个厂商陆续推出了"极智屏""智慧屏""未来屏"等一系列新型的屏类。电视大屏渐渐试图改变过去家庭娱乐中心的模式，主要向以智能家居为中心转型，在为人们提供信息娱乐的同时，对各种类型的家庭智能设施进行连接与控制，为人们带来全新的视听体验，打造良好的家居服务生态体系，进一步构建以交互式智能大屏体验为主的智能化、智慧化的家庭生活模式。

随着智能家居的逐渐普及，智能音箱和大屏设备正成为争夺入口的两大主力。2017年，智能音箱Echo Show的推出具有一定的革命性，它能够以屏幕的形式展示信息，且支持媒体播放和视频通话功能，成为市场的宠儿。而CNN也针对Echo Show推出了特制的新闻快讯节目，以满足用户对即时信息的需求。与此同时，传统家电制造商也在不断创新。比如，TCL开发的全场景浮窗电视，将智能音箱功能与智能电视合二为一。此款设备通过24小时在线的大屏智能音箱，实现了家庭智能设备与生活服务平台的无缝连接，堪称全天候的智能"管家"。随着"5G+"时代的到来，家庭宽带的进一步提速和降费为智能屏的发展提供了更为优越的条件。家庭宽带技术的进步有望大大提升智能屏设备的使用体验，使得更多家庭选择智能大屏作为信息、娱乐和家居管理的中心。在新型智能屏设备的推广过程中，直播电视频道的影响力正在逐渐减弱。现代消费者更倾向于个性化和即时性的内容，而智能屏设备正好能够满足这些需求。智能音箱和智能电视的融合趋势大大方便了用户的日常生活管理，并且进一步巩固了智能家居系统的中心地位，赋予了用户更多的操控与互动体验。

（三）泛屏化解构传统传播方式

"泛屏化"与"万物皆屏"是"5G+"时代下比较具有革命性的构想，基于4G的电视媒体融合发展往往更加关注全媒体矩阵的建立，能够有效实现多种媒介渠道的综合覆盖，其中有电视、手机、平板等。并且"5G+"本身具有比较强的连接特性，平均每平方千米的连接数能够达到上百万，所以进一步形成了万物皆媒、万物互联的传播生态系统，且大屏内在的屏显方式也已经逐渐变得多元化。

技术的发展使视频播放方式有越来越多样化的终端选择，并涵盖更为广泛的使用场景。未来，随着屏幕显示技术的不断进步与应用场景的泛化，对于传统的电视传播，即在固定时间与空间面向家庭观众的形式，此种技术上的变革将具备更为强烈的解构作用。在新的时代背景下，传统电视的局限性愈加明显，其依赖固定的播出时间和特定的观看方式，与现代观众追求的随时、随地、随意观看的需求相左。移动设备、平板电脑和智能电视等各种终端设备的普及为观众提供了更加灵活和便捷的观看方式，并带来了良好的观看体验，同时能够使观众具有更加多元化的互动与分享机会，进一步改变了观众的习惯和需求。

近年来，视频流媒体服务如雨后春笋般涌现，并迅速占领了市场。Netflix、YouTube等平台提供了海量的视频内容，并以个性化推荐算法，精准地为用户推送符合其兴趣的节目，其定制化和个性化的服务是传统电视无法企及的，进一步加速了传统电视观众的流失。未来的屏幕不单单是显示设备，更有可能成为一个沉浸式的体验平台，为观众提供更加真实和互动的观看体验。市场的变化对电视台的运营和生存造成了一定影响，并且能够在潜移默化中推动广告行业的变革与发展。传统电视广告因其固定和被动观看的特性，逐渐难以吸引广告商关注。而互联网视频广告凭借灵活的投放方式和精准的用户定位，逐渐成为广告市场的新宠。

二、电视频道供给侧结构性的转型策略

（一）扶持综合与淡化专业的策略

在如今媒介环境深刻变化的时代背景下，传统的电视台面临前所未有的挑战与机遇。为应对市场需求的变化和互联网视频平台的崛起，电视节目的形式调整和内容更新已成为必要之举。

"扶持综合"的目的是增强综合类频道的功能，提升其覆盖率和影响力。从国家广播电视总局的一系列政策导向可以看出，综合类频道作为传统信息传播的重要窗口，具有较强的舆论导向和公共服务属性。综合类频道覆盖了新闻、娱乐、文化和教育等多种内容，体现了国家文化传播和社会信息供给的重要使命。因此，"扶持综合"意味着要在内容质量和节目形式上进行多方面的提升，确保综合类频道能够在新媒体环境下继续保持其核心竞争力。在内容创作上，综合类频道需要放宽题材和形式的限制，大力支持原创和多样化的内容创作。节目制作要注重贴近生活、反映时代潮流，注重与观众的情感联系。尤其是针对不同年龄、性别、职业的观众群体，综合类频道需要灵活进行转变，争取设计出多样化、个性化的内容，从而满足不同层面受众的需求，并形成新的收视热点。

"淡化专业"并非完全否定专业频道的存在，而是针对过多、同质化的专业频道进行精简和优化。专业频道虽然推动了电视节目多样化和细分市场供给，但当互联网和数字媒体迅速崛起，信息传播方式发生翻天覆地的变化，过度细分的专业频道已难以满足观众的多元需求。观众对信息获取的渠道更加广泛和便捷，原本因技术和内容垄断形成的观众忠诚度已被打破。因此，"淡化专业"策略强调减少同质化专业频道，通过重新整合、改版等方式，提升频道的内容质量和公益性。在资源有限的情况下，专业频道可以选择与综合类频道协同合作，互补资源，形成合力。比如，地方台可以专注于地方新闻、生活服务等内容，并通过与全国性媒体的共享互动，提升节目质量和传播影响力。专业频道同时需注重品牌塑造和内容价值的提升，以此增强观众黏性。

在"扶持综合、淡化专业"的改革与转型过程中，政策指导和管理创新是基础。国家广播电视总局作为政策制定者，需要通过出台相关政策法规，推动各类频道的优化和创新，并且应加强对频道运营的监管和指导，确保频道在调整过程中不偏离公众利益导向。政府和电视台应加强合作，以多种形式的扶持计划，支持综合类频道的发展，促进综合频道的创新，并帮助地方电视台在改革中获得所需资源和技术支持。

在我国，未来几年内的电视行业将经历一系列重要的调整变化。其中，具备良好经济效益的频道（主要是提供民生服务的类型）以及一些公益属性明显的少量地面专业频道，有望通过自我创新和政策支持，依然保留在直播电视的行列中。然而，大量的专业频道将面临合并调整的命运，不得不转型至客户端、MCN 等新媒体平台。开路电视中的专业频道应当在总体数量上逐步减少，回归以综合频道为主的结构模式，如新闻综合、娱乐综合、文化综合等几类。此结构既能体现各自的特点，又不会因为种类繁多而显得过于分散。就目前而言，从专业频道转向综合频道的趋势已经开始显现，一些频道实施了合并，其专业特色逐渐被削弱，反而不断增强了综合性。尤其是新兴的超高清频道因为优质节目有限，事实上正在向文化综合、娱乐综合的方向发展。因此，当前进行的传统电视频道结构优化不过是一个序幕。在分众化、垂直化传播优势不再显著的背景下，从政治和市场两个维度来看，"扶持综合、淡化专业"将成为地面频道转型的一种必然路径和趋势。

当大屏电视迈向超高清、强智能、泛屏化的时代，电视行业应当为大屏提供少而精、具备强大品牌公信力和高内容水准的直播频道。这既是市场驱动的结果，也受到政策导向的强烈影响。政策层面更重视的是内容的多样性和传播的广泛性，进而推动综合类频道的发展。综合类频道有更强的适应性，能够涵盖新闻、娱乐、文化等多个方面，满足观众的多样化需求，同时能够更好地利用资源，提高频道的竞争力和生存能力。超高清技术、智能电视、泛屏技术等的发展，使得观众对于电视节目的要求越来越高，因此应着重提升频道内容的多元化和质量。面向未来，电视行业将更加注重精品内容的制作和品牌的打造。只有具备高质量内容和强大品牌效应的频道，才能在激烈的市场竞争中脱颖而出。

（二）"关停并"需以"转"为基础

在"精简精办"时，需要注意虽然一些频道本身的价值已经失去了，但是这并不能表明内容团队与生产能力缺乏价值。与"关停并"相比较来说，"转"是一种更加有效积极的方式，也就是结合资源重组、流程再造以及制度调整等，结合存量改革与增量改革，积极努力地寻找新的增长点，从而使当前现有团队与产能能够向着更加具有发展潜力的平台或者业务进行转移。2020年9月，中共中央办公厅、国务院办公厅印发的《关于加快推进媒体深度融合发展的意见》中明确提出，要推动主力军全面挺进主战场，以互联网思维优化资源配置，把更多优质内容、先进技术、专业人才、项目资金向互联网主阵地汇集、向移动端倾斜，让分散在网下的力量尽快进军网上、深入网上，做大做强网络平台，占领新兴传播阵地。想要将这一使命落地，需要主流媒体在供给侧改革的同时，加大力度保存优秀的团队与专业能力，进而成功转移至互联网的主阵地中。

三、传媒产业中超高清频道的发展

（一）5G打破传输宽带的瓶颈

超高清技术如同曙光，照亮了电视产业升级的具体方向。可以说，超高清视频是5G时代进入实际商业应用较早的领域之一。超高清化的视频制作和传播可以满足观众对高端优质视听体验的需求，已然成为下一代视听产业发展的主流趋势。按照国际标准，显示器的物理分辨率被划分为多个层级：从低分辨率（低于0.8K）、常规分辨率（低于2K）、高分辨率（2K）、超高分辨率（4K甚至更高）。电视显示技术经历了从模拟到数字的转变，从标清到高清的发展过程。4K视频的像素点是2K高清视频的四倍，而8K视频的像素点又是4K的四倍，基本上能够达到人眼的辨别极限，也就是在大屏幕上，人眼几乎感受不到颗粒感，为广大群众的观看带来了更为逼真与细腻的体验感。并且8K可以支持22.2声道的多声道音响系统，效果远远超越4K的5.1环绕立体声，使得观众能够追求极致的影像和音响效果。4K和8K超高清视频与普通高清相比，体现出了几方面的优势：像素提升使画面更加细腻和真实；观看视角扩大，无论观众坐在房间的哪个角落，都可以享受到更好的观影体验；立体的音响效果和广泛的色域范围，使得"家庭影院"真正从概念走向现实，甚至在某些方面可以超过目前的影院标准。广泛的色域范围意味着屏幕可以显示更多的颜色和更高的动态范围，使得画面更加逼真和生动。

从模拟电视到数字电视的过渡是电视技术历史上的一个重要里程碑，标清到高清的发展则进一步提升了观众的观看体验。然而，高清电视并不是终点，而是超高清时代的起点。4K和8K电视为观众提供了前所未有的视觉和听觉体验。电视不单单是一个简单的信息传播工具，还能为观众带来一种高度沉浸的娱乐体验。超高清技术的迅速发展主要将5G技术作为支撑。5G网络的高速传输和低延迟，令超高清视频的大规模传播更具可能性。电视、智能手机、平板电脑，以及一些其他便携设备都能通过5G网络流畅地播放超高清视频。

但是，以前的超高清素材的无线传输是比较关键的一项技术问题，离不开比较强大的视频编码技术与较大的带宽。虽然4G网络可以为一般的视频传输提供支撑，但是如果对4K或8K的超高清素材与节目进行传输，就显得力所不逮。

5G增强型的移动宽带因为自身独特的网络切片技术，可以提供比较强大、可靠的传输能力，能够轻松化解4K甚至8K视频的传输问题，并且在播放的时候能解决缓冲与卡顿等问题。在多视角、满足个性化需求等诸多方面，5G技术同样能够支持超高清视频的应用，因此超高清视频能够得到广泛的应用与普及。不仅如此，5G技术可以有效推动云服务的发展，使超高清拍摄的海量的素材文件能够在云端中上传，利于内容的存储与制作。

（二）传媒业超高清视频的发展布局

我国从中央台到多个省级台都在积极布局超高清节目生产，展现出对超高清视频这一新兴领域的高度重视。近年来，在如春节联欢晚会、全国两会等重大事件中，4K/8K 超高清报道和直播已进行了试验性运行，既是技术的突破，更是对观众视觉需求的积极回应。超高清的画面呈现能够使观众更加清晰地看到每一个细节，为观众打造身临其境般的氛围，大大增强了观看的沉浸感。《超高清视频产业发展行动计划（2019—2022 年）》的出台，为这一产业发展明确了方向。按照"4K 先行、兼顾 8K"的总体技术路线，我国大力推进超高清视频产业发展和相关领域的应用。这一决策既考虑了当前技术的成熟度和市场需求，又为未来的发展预留了空间。在加快行业创新应用方面，这一行动计划提出了明确要求。广播电视领域要加强超高清视频点播平台建设，构建融合业务平台，以支撑超高清视频的生产、聚合、分发和应用。推动超高清电视在有线电视、卫星电视、IPTV 和互联网电视的应用，将进一步拓宽超高清视频的传播渠道，让更多的观众能够享受到超高清视频这一先进技术带来的视觉盛宴。

2018 年，中央广播电视总台与广东广播电视台先后开办了 4K 频道。步入 2020 年后，各地相继推出了 4K 超高清频道，其中有广州"南国都市"频道、杭州"求索纪录 4K"等。一些重大的体育盛会对于新兴传媒技术的应用具有推广的作用。比如，2008 年，北京奥运会的成功举办，成为中国的"高清元年"。2021 年，中央广播电视总台已经开通了 8K 超高清实验频道，一步步实现了由内容生产至编播全流程 8K 超高清规范运行。基于传统电视持续衰退，超高清技术本身对于电视产业所形成的积极影响引起了人们的广泛关注。

继数字化、高清化之后，超高清视频可以说是新一轮的视频技术革新，将会有效推动产业链各个环节的深刻变革，其中有视频采集、制作、应用等环节，使国家信息与文化产业取得全面升级。

（三）电视"升温"和市场衰退

虽然超高清视频产业处在了当前的热浪中，但是还需要细致分析是否应大力扩张超高清电视频道。20 世纪 60 年代，麦克卢汉曾经就媒介清晰度展开过分析，以"低清晰度"的媒介来定义电视，主要是由于图像每秒所提供的光点能比电视的光点多出数百万。① 麦克卢汉说过的"清晰度"具体来说有两个层面的含义，即分辨率与信息量，两者之间的联系十分密切。

麦克卢汉把电视归于"冷媒介"，有着较高的参与度与较低的清晰度，往往要求接收者能够完成较多的信息。从本质上看，"冷媒介"更加偏向于提倡不同类型的互动，主要集中于口头上的对话，并不是人们脑海中的想象。而电影则是一种"热媒介"，其本身的特征与电视相反。

近年来，我国的电视行业加大力度推进了高清化的进程。许多的电视频道陆续由标清信号升级至高清信号播出，节目产生也更加高清化，大大增强了屏幕的清晰度与高清覆盖率，但是未能提高收视率与广告份额，而是呈现出了逐渐下降的趋势。虽然视频产业呈现出了高清化与超高清化的发展趋势，但是基于传统电视频道的供给结构、传播方式与内容形态等未能产生变化的情况之下，仅仅依靠视频信号的分辨率与清晰度的增强，无法明显促使其市场竞争力的提高。

在媒介发展的历史长河中，电视作为一种重要的传播媒介，其属性和地位一直在不断变化。曾经，由于长期以来电视的清晰度逊于电影，被认为是一种"冷媒介"。然而，随着技术的不断进步，特别是超高清电视的出现，这种情况正在发生改变。超高清电视在图像和声音两个方面均已达到甚至超过一般电影放映的水平，这使得在技术上实现内容传播的融合成为可能。例如，2019年国庆节期间，中央广播电视总台"央视频"出品的超高清直播节目《此时此刻——共庆新中国70华诞》在全国70家影院同步播出，是我国首次将4K超高清信号通过卫星传输引入院线，标志着超高清电视在内容传播方面的重大突破，也为电视与电影的融合发展提供了新的契机。

当5G网络、千兆光纤网络等突破超高清应用的瓶颈后，电视的"升温"的确有发生质变的迹象。5G网络的高速率、低延迟和大容量特性，为超高清视频的传输提供了有力保障。千兆光纤网络则进一步提升了网络的稳定性和速度，使得超高清电视能够更加流畅地播放。5G网络、千兆光纤网络等

---

① 麦克卢汉. 理解媒介：论人的延伸：55周年增订本[M]. 何道宽, 译. 南京：译林出版社, 2019：383.

的突破，使得电视在图像质量、声音效果和传输速度等诸多方面在不断完善，为观众带来了更加震撼的视听体验。在媒体融合、多屏互动的大背景下，今天的电视作为一个整体已很难说是"冷媒介"还是"热媒介"。媒体融合使得不同的媒介之间相互渗透、相互融合，所以电视不再是孤立的存在，而是与互联网、移动终端等其他媒介紧密结合。多屏互动则让观众可以在不同的屏幕上观看电视节目，实现电视内容的跨屏传播。基于此，电视的媒介属性变得更加复杂，不再单纯地属于"冷媒介"或"热媒介"。在市场运作上，电视也将按清晰度、承载功能、传输通道的不同走上分类发展的路径。随着超高清电视的普及，市场上出现了清晰度各有不同的电视类产品，可以在不同程度上满足广大消费者的现实需求。同时，电视的承载功能也将不断扩展，除了传统的广播电视节目，还将涵盖互联网视频、游戏、智能家居等多种功能。有线网络、无线网络、卫星传输等多种传输方式将并存，也为电视的发展带来新的机遇，并且为观众提供更加便捷的观看体验。

超高清电视推动了传媒产业的技术升级。传媒产业为了满足超高清电视的播放需求，需要注重拍摄、制作、传输等技术水平的不断提高，从而促进传媒产业的技术创新和发展，提高整个产业的竞争力。超高清的图像和声音效果为内容创作提供了更大的空间，使得传媒产业能够创作出更加丰富多彩的节目内容。同时，超高清电视的多屏互动和融合发展也为内容的传播和推广提供了新的方式。

（四）"热电视"的高端化发展趋势

高清电视也可被称为"热电视"，在大众化电视中是高端化的。超高清技术是突破电影大屏与手机小屏重围的路径。因为8K电视的感官体验，8K电视被视为电视大屏复兴的良好契机。

超高清电视频道的内容供给方面应具备大量的高水准、高品质的，且难以在小屏上充分体现出来的节目，使观众能够产生电影般的观看体验。想要使"热电视"名副其实，同样需要取得本质上的提高。如此，既是满足市场竞争的现实需求，也是媒介技术根本的要求。由于不同媒介技术的物质形式与符号形式具有差异，因此内容偏向也存在着不同之处。

与过去的电视相比较，超高清频道作为"热电视"，在技术层面上并不完全是同一种媒介，除了分辨率与清晰度，还有色域、帧率、动态范围等全流程标准的提高。超高清电视在一些重大仪式活动、纪录片、重要体育赛事等传输播放中，往往能够为观众带来较强的视听冲击力与观赏性，值得媒体机构精心制作。许多业界人士认为，在现行大量的社会科学教育、日常新闻以及财经类等节目类型中，超高清化的生产方式往往是不适用的，主要原因是在观众感官体验上产生的效果微乎其微，并且生产的时间和资金成本较大，未能提高节目的市场价值。同时，超高清频道需要同步升级家庭终端设备与网络传输环节，通常运营门槛是比较高的。鉴于此，超高清频道应在技术标准、内容品质上做出改变，不宜继续走大众化、平民化的旧路，而是应走高端化的路线。

四、"5G+"对有线电视网络的改造

（一）"5G+"为有线电视网络提供新动能

"台"和"网"是构成电视业的两大关键部分。2019年6月6日，中国广电获颁5G商用牌照，这一重大事件标志着广播电视系统成功入围5G商业运营主体序列，为有线电视网络注入了全新的产业发展动能。中国广电掌握了700MHz这一被业界视为"黄金频段"的频谱资源。700MHz频谱的信号具有受气候影响小、传播损耗低、穿透力强、覆盖面广、所需基站少且组网成本低等特点，特别适合5G底层网络建设，尤其对中小城市、农村以及偏远地区的覆盖有着重要意义。然而，700MHz频谱也并非完美无缺，它存在着吞吐量较低、带宽较小以及在热点区域缺乏优势等短板。在"5G+"时代，广播电视迎来了新的发展机会，将"5G+技术"和700MHz频谱的优势相结合，可以使广播电视行业进一步拓展业务范围，提升服务质量，并为观众带来更加丰富、流畅的视听体验。不仅如此，将"5G+"技术和700MHz频谱的优势结合起来能够更好地覆盖广大地区，尤其是一些传统网络难以触及的区域，能够推动信息的普及和共享。

在"5G+"时代，广播电视网络和互联网融合的速度加快，进一步塑造了广播电视的传播格局。结合媒体融合的大逻辑来看，无论何种孤立的技术

体系,都是无法独立存在的。受带宽的限制而分化的传播渠道将会在5G网络平台中融为一体,对前端的生产融合与终端的接收融合产生了积极的驱动作用。在全国范围内,有线电视网的转型已经成为一种新的趋势。有线电视作为一种产业,已经把单一平台的、广播电视中转站的角色转变为多平台的、先进的电信提供商角色。如今,我国在5G技术的应用方面在国际上处于领先的地位,将会推动有线电视网络乃至广播电视业总体的转型与升级。

(二)有线电视网络的整合

1. 有线电视网络的发展历程

从20世纪90年代初起,有线电视网络在十多年的时间里,曾经是电视信号走进千家万户的重要渠道,成为家庭必备的信息端口,它的自然垄断性比较强。但是,近年来,随着互联网电视、交互式网络电视等基于网络与数字技术的新型大屏传播形态的快速普及,以及受众接收信息的方式逐渐变得互联网化,有线电视网络已经渐渐由盛而衰。全国有线电视用户逐渐减少,整体的下降幅度比较大。除此之外,IPTV、OTT的用户规模在不断扩充,增长的幅度很大。

各大商业视频网站、各类视频社交平台也纷纷兴起,造成了大量的视频观众分流。因互联网造成的冲击与分流,使有线电视网络的式微在国际范围内都已经成为一种趋势。也就是说,有线电视网络想要取得继续生存与发展,应注重融合"5G+技术",并结合当今的先进科技大力进行整合、改造与升级。

2. 全国一网的推行

2016年,中共中央宣传部、财政部、国家新闻出版广电总局颁布了《关于加快推进全国有线电视网络整合发展的意见》,具体指出了全国有线网络整合的步骤与方式,提出要成立以"中国广电"控股主导、各省级有线电视网络公司共同参股,并且按照母子公司制而进行管理的全国性的股份公司,实现全国一张网。

发放5G牌照变成了广电行业全网整合的一个"强催化剂",有重要的驱动作用。结合中华人民共和国工业和信息化部的有关规定来看,只有各个省的有线网络公司加入"中国广电"控股的企业,才可以进一步获得授权,并且能够解决使用 5G 牌照的资质问题,同时应用 5G 技术推动业务的转型与创新。在较大规模上实现广电 5G 组网、建网与正式商用十分紧迫,如果广播电视业未能在全国范围内整合力量,那么会大大降低自身的竞争力。近些年来,有关部门加大了对全网整合的督促力度,不断加快全国有线电视网络的整合与广电 5G 网络建设一体化的发展脚步。

2020 年,中国广电网络股份有限公司在北京召开了成立大会,初步形成了全国广电网络统一运营管理体系。"全国一网"形成,有效落实了全程全网的目标,将用户、业务、数据串联起来,共同促进了统一的平台运营。从有线电视网络的长远发展来说,这具有战略性的意义,并且能够使电视和移动通信的融合进一步加快,并将传播格局进行重构。

虽然在"全国一网"的推进中,初步完成了架构的整合,但是想要真正意义上做到自上而下的垂直管理,仍具有较大的难度。因此,需要上至中央下至地方行政系统的强力推进,并且应综合考虑地方网络的利益,在市场层面上充分将各级主体的主动性与积极性调动起来,其中包括和成熟的互联网公司或者硬件生产商建立良好的合作关系。更为关键的是,在进行整合的过程中应实现深入的体制机制改革,从而真正构建现代企业制度,并且形成完善的法人治理结构,提高面向未来的核心竞争力。

第三节 "5G+"时代环境下虚拟现实与增强现实在传媒产业中的应用路径

一、VR 技术

VR 技术被人们认为是继移动电话、个人电脑之后彻底将人类生活方式

第六章 "5G+"时代对传媒产业结构的重塑及其实际应用路径

颠覆的新一代的计算与通信设备,能够将人机交互由平面交互转型成为沉浸交互。通常情况下,业界内所称的 VR 内容产品主要涉及实拍类和动画类两种基本的类型。实拍类主要是结合 VR 摄像机,以多方位与多角度的方式对素材进行采集,再进行解码、拼接与剪辑,制作成全景视频。媒体机构目前进行的 VR 直播或者 VR 报道,基本上是属于全景视频的类型。观众佩戴上专业的头显设备观看 VR 内容产品,使他们可以获得更加直接的沉浸式体验,能够打破传统二维画框造成的局限,使人在全方位的视角上获取信息。动画类相对而言更加贴近虚拟现实的本义,主要是利用动画软件或者游戏引擎而制作的,能够借助计算机传感技术与仿真技术,对各种类型环境的三维立体空间进行高度模拟,为广大用户带来超现实的、有趣新奇的体验。

  VR 创造的虚拟现实场景并非单向的,而是可交互的。用户能够在实拍类型中,基于全景空间自主选择节点或者调整位置,主要表现是"弱交互";但是在动画类型中,用户能够借助点击、拖曳等一系列的人机互动行为,从而获取高度仿真的反馈,能够真实地体验到与游戏比较相似的"强交互"。

  VR 这一概念在 20 世纪 30 年代便已在美国科幻作家斯坦利·温鲍姆(Stanley Weinbaum)的作品《皮格马利翁的眼睛》中出现。根据书中的描绘,主角通过类似眼镜的虚拟现实工具,沉浸于融合多感官的奇妙体验,为人们开启了对未来科技的无限遐想。1965 年,美国计算机科学家伊凡·苏泽兰(Ivan Sutherland)发表的《终极的显示》论文,被视为科学领域虚拟现实的开端。此时,实质性的 VR 技术研究在美国萌芽,初级头戴显示器的出现标志着人类向虚拟现实迈出了重要的一步。进入 20 世纪八九十年代,在军事、航空、医疗等行业实践的推动下,美国的科技公司和大学积极探索,研制出多款原型机和设备。尽管这些设备在外观上较初级产品更为轻巧,但由于当时显示器技术和渲染技术的不成熟,颗粒感严重,导致观看体验不佳。然而,科技的进步从未停止,技术持续改进,使得世纪之交时,消费级 VR 在游戏等领域取得了一定的发展。2012 年后,VR 技术研发在全球范围内再次提速,吸引了资本市场的高度关注。Oculus Rift、HTC VIVE、PS VR、Gear VR 等消费级虚拟现实头显的先后推出,引发了 VR 装备和产品生产的热潮。随着技术的不断升级，VR在远程办公、在线社交、实景学习、虚拟娱乐等领域的应用前景广阔。

二、AR技术

"5G+"时代，AR技术与VR技术均有着较好的发展前景。AR技术在20世纪90年代出现，如果说VR技术可以结合封闭的头显构建一个虚拟化空间，那么AR技术则是利用了特质的眼镜，把虚拟形象和真实场景叠加融合。AR技术结合了计算机的实时计算功能，将仿真的虚拟物体融入真实的环境之中，令用户能够立足现实，进一步获得超现实的体验。一般情况下，可将AR技术的呈现分为以下三种方式（见图6-2）。

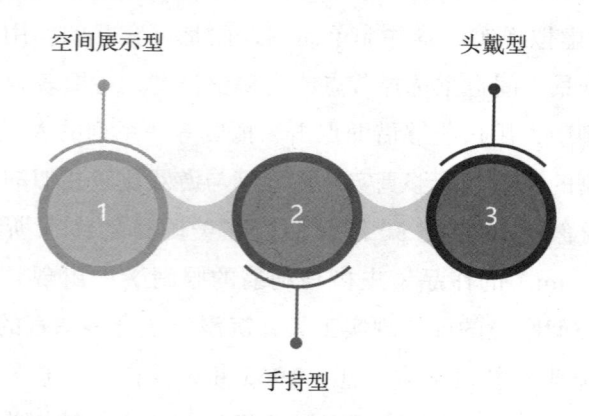

图6-2 AR技术的呈现方式

空间展示型是人们可以通过裸眼看到屏幕或公共空间内所展示出的增强现实信息。手持型是在手机或者一些其他的移动设备获取了实景图像的前提下，再将虚拟信息进行叠加。头戴型是用户能够借助设备的摄像头或透镜获取真实化的场景图像，再叠加有关的虚拟信息，从而使用户产生沉浸式的体验与观感。比如，当用户参加会议时佩戴上AR眼镜，他们可以看到会场的真实景象，而会议所需要的各种资料或者PPT等能及时传送至演讲者的眼前。

AR技术的发展与VR技术相同，对于时延、数据运算、分辨率等诸多方面均提出了比较高的要求。尤其是时延方面，因 AR 涉及了现实层和虚拟层之间的良好互动，对于定位往往具有比较高的要求，所以应尽可能降低时延。"5G+"时代的到来助力了 AR 产品与技术的发展，并且相继推出了支持 5G 网络的芯片。

三、传媒业的 VR、AR 技术应用

（一）传媒业的 VR 技术应用

随着当前技术的改进与新闻传播领域的竞争加剧，近年来，国内外新闻界纷纷进行了 VR 技术应用的探索。2015 年发布《山村里的幼儿园》是我国首部 VR 纪录片。同年，《人民日报》"中央厨房"制作出了有关"9·3"大阅兵的 VR 全景视频，将阅兵式的盛况进行了全方位记录，被人们认为是我国首家应用 VR 技术的主流媒体。2019 年，"VR 频道"由央视新闻客户端推出，使用户的观看方式变得多样化。用户可以在手机上进行观看，还可以用"手机+VR 眼镜盒"的方式观看，观看体验感与沉浸感有所增强。现在，融合 VR 技术内容生产的媒体大幅度增加，VR 技术将来在传媒业中的应用是比较多样、丰富的，具体可以分成以下几个方面。

1. 游戏竞技的应用

游戏领域通常是 VR 玩家的聚集地。VR 能够大大提升游戏的逼真感与互动性，为玩家带来全新的游戏体验。随着"5G+"时代的到来，云游戏有望迅速发展。5G 技术可降低游戏功耗、延长续航时间，并有效解决时延问题，为游戏行业带来新的变革。虽然媒体介入游戏行业存在较高门槛，但在融资并购以及依托头部内容 IP 开发游戏产品等方面仍具潜力。媒体可凭借自身资源与优势，积极探索与游戏行业的深度融合，为游戏产业的发展注入新的活力，同时为自身开拓新的业务领域和发展空间。

2. 综艺节目的应用

用 VR 摄像机能够实时拍摄，为观看综艺节目的广大用户带来全方位的观赏体验，甚至可以实现舞台的全虚拟制作。

3. 各类直播的应用

纵观重大新闻、体育、文娱直播的现状，"5G+VR+超高清"直播将会成为重点发展的方向。"5G+VR+超高清"技术，可以增强观众的"在场感"，并且能够提供可选择转换的多重视点。比如，观众可以在不同的角度或者不同的方位观看重大的仪式活动，以第一视角欣赏演唱会或者观看体育比赛等。

4. 新闻报道与纪录片的应用

VR新闻报道或者VR纪录片能够带领人们突破二维画框的局限，呈现出全景环绕的第一视角。这能够于大大缩减报道中的信息损耗，为观众提供全面化、立体化获取信息的渠道，可以在无形中使观众加深对于某一事件或者故事的感触。VR往往有着比较长的制作周期，比较适用于现场感较强，且时效性要求不高的一些题材，通常不适合复杂的叙事。

5. 影视剧的应用

在VR内容生态中，影视产品成为一个重要领域，通过VR头显沉浸式体验影视作品，为观众提供了全新的观看方式，既可模拟影院场景在观众席观看，又能360°全景式感受影片内容。尽管目前技术尚不成熟，但已有若干VR体验剧推向市场，表明该领域具有较大的发展潜力。

6. 广告的应用

与传统的视频广告相比较，VR为用户带来的沉浸感是令其融入其中，帮助用户产生强烈的情感共鸣。因为VR广告本身的交互性比较强，广告商能够切实结合用户的体验数据，更加准确地掌握用户的实际兴趣爱好与需求，并且根据用户的实际情况及时调整营销策略。

（二）传媒业的AR技术应用

目前，AR技术在视频节目中的应用愈加普遍，尤其在新闻节目、体育直播、大型综艺以及重大活动转播中表现突出。例如，主持人在演播室播报时，身旁会出现与信息内容相关的虚拟仿真图像，在很大程度上增强了观

第六章 "5G+"时代对传媒产业结构的重塑及其实际应用路径

众的视觉感染力,丰富了信息量。然而,目前人们只能看到屏幕显示的平面虚实结合效果,尚无法进行深度互动,此可视为 AR 的初始形态。当人们佩戴 AR 眼镜后,可以体验到三维立体的叠加效果,并且能够与虚拟图像进行互动。

AR 眼镜的光学元件工艺复杂,硅基液晶屏幕亮度较低,虽然采用光波导技术能使镜片更加轻薄,但成本高昂,如 HoloLens 第二代的价格高达 3500 美元,从而导致 AR 眼镜的产业链发展尚不成熟,且市场的普及率有待提高。目前,包括 HoloLens 在内的 AR 眼镜主要应用于工商业企业端领域,归根结底是由于高昂的成本限制了其在大众市场的普及。对于媒体行业而言,AR 技术具有较大的发展潜力。在新闻报道中,AR 技术可以将现场场景与虚拟信息相结合,为观众提供更加丰富、直观的新闻体验。在体育赛事转播中,AR 技术可以实时呈现运动员的数据、比赛线路等信息,增强观众的参与感。然而,要实现 AR 技术在媒体领域的广泛应用,需要克服一系列技术和成本难题。一方面,需要不断改进光学元件工艺,提高硅基液晶屏幕亮度,降低成本,以提高 AR 眼镜的市场普及率。另一方面,需要加强产业链的协同发展,不断促进技术的更新迭代,努力提高产品质量和性能。同时,媒体机构也需要积极探索 AR 技术在内容创作和传播中的应用方式,为观众提供更加优质的媒体服务。

目前,新闻媒体领域中对于 AR 技术的应用仍然处在初期阶段,基本上是以裸眼体验为主。通讯社、广播电视业、报业纷纷结合自身的特色,展开了有关应用的开发工作。比如,2019 年,在江西南昌举行世界 VR 产业大会期间,"全国首张 AR 直播报纸"由《江西日报》推出,甚至有虚拟 AI 引导着广大读者进行阅读。再如,2019 年,在进行第二届中国国际进口博览会直播报道的时候,上海广播电视台将机器人生产的 AR 场景进行了展现,以创造性的方式实现了大屏内外的良好互动,呈现出了立体虚拟的效果。站在长远的角度来看,AR 技术能够为传媒业带来更高层级的"可视化"传播,具有比较大的发展前景。

四、VR、AR 技术促进全息媒体的发展

VR、AR 技术并非单纯为人们带来身临其境的体验，更为关键的是 VR、AR 技术在人们日常生活与社会中的渗透，将会大大转变人们与他人、外界之间的互动方式。作为一种新兴的应用，VR、AR 技术改变了人们获取信息的传统经验。5G 技术逐渐发展成熟以后，逐渐形成了 5G 融媒体平台、"5G+VR"平台、"5G+AI"平台等平台化的应用，在真正意义上实现了全息媒体。

学界对于"全息媒体"的解释主要分为两个层面。一方面，"全息媒体"指的是媒体的具体表现形式是全方位的，可以在一个端口或者一张屏上展示文字、图片、声音等，有效实现多介质的相互融合与多种形态的聚合。另一方面，"全息媒体"指的是全现实媒体，即"真实现实+虚拟现实"，是能够令人形成完整体验的，且触达人所有感官的载体。根据实际的发展趋势看，"5G+"时代背景下的 VR、AR 技术将会大大推动"全息媒体"的发展，主要体现在以下几个方面。

（一）突破二维空间的限制

过去，人们接触传统媒体的时候，如报纸、电视等，一般都是在二维平面或者画框中获取有关的信息，在介质载体的对面进行观看或者阅读等行为。而基于 VR、AR 技术，人们可以通过佩戴 AR 眼镜、VR 头盔从"内容之外"到"内容之中"，能够进入三维立体空间中进行深入体验与感知。

（二）突破视听感知的限制

电视与其他媒介有一定的不同之处，能够使人们的所有感官之间形成相互影响，帮助人们摆脱被动与超脱的态度，用自己的感官形成一定的电视观看经验。这主要是源自人们在观看电视的过程中，终结了听觉与视觉的二元分割，使人的感官系统协同作用起来。VR 技术能在感官体验的多样性与平衡性上，为人们带来一定的通感体验。人们在接收信息内容的时候，已经不再单纯局限在视觉与听觉层面上，甚至还可以进一步形成一种集合而成的感

知机制。比如，在 VR 文化节目中，人们可以戴上触感手套，真实地"抚摸"国宝的纹理。2018 年，故宫博物院已经推出了具备此类功能的 VR 创新文博互动体验产品。

（三）突破物理距离的限制

以前，假如想要把处在不同物理空间的行为、人等置于"同一空间"，并实时同步将其呈现出来的可能性比较小。但是基于"5G+"时代，这种远程传导将有望实现。比如，在某一节目的表演中，可在现场通过全息影像传输、投影将身在异地演员的实时表演呈现出来，结合透明屏、水雾屏等新兴屏幕，实现"虚拟远程在场"的增强现实传播效果。

第七章　基于数字化时代的新传媒业态升级与转型的前瞻性研究

第一节　基于数字化时代的传媒业态的融合与分立

一、数字化时代媒介形态的模糊化与细分化

(一) 媒介边界的模糊化发展

受众在接触某一媒介的时候，最先感知的是其存在的具体形式。媒介本身的外在终端形式可以令人在第一时间内形成印象。传统媒介有着比较清晰的形态边界。比如，人们在想到报纸的时候，基本上第一反应就是印刷在纸上的各种文字或图像信息；电视终端基本上与电视是相同的；广播是"只闻其声不见其人"的形式。就终端的外在形式来说，传统媒介之间的交叉也是比较少的，其内在的介质形态与内在运行更是互不影响。

但进入数字化时代以后，特别是新媒体的崛起，不断推动技术领域实现种种突破，逐步弱化了媒介形态的边界。如果单纯采用接收终端之类的外在

的载体形式而确认某一个媒介，在当今数字化时代下已经很不合时宜。媒介的表现形态具有多元化特征。在新媒体环境下，"全媒体""多媒体"已经成为各大传统媒体拓展媒体实践领域的新名词。各大传媒机构，甚至是传媒集团已经纷纷进行了转型，以跨越媒介形态的发展思路为指导，实现了全新化、科学化的发展战略。新媒介形态的最终形成，主要受到了以下几个因素的影响（见图7-1）。

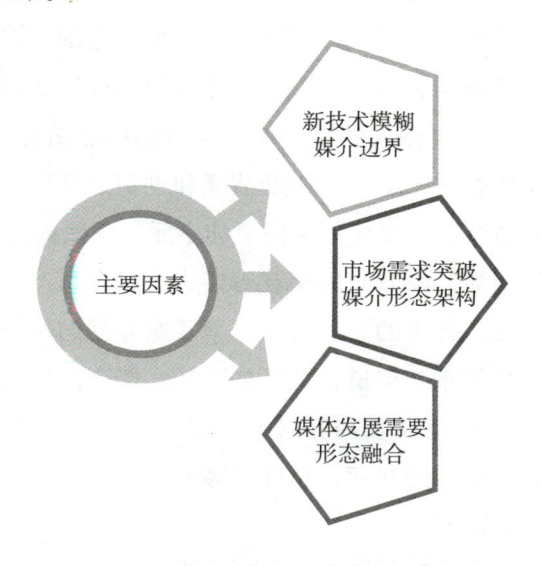

图7-1 影响新媒介形态最终形成的因素

1. 新技术模糊媒介边界

从根本上来看，新媒体的发展主要以技术的提高与创新性发展为依托。新的计算机技术和通信技术的快速发展，同样在各类传统媒介中产生了一定的作用，使传统媒介新媒体化，进一步将各类媒介的表现形态相互渗透，逐渐趋向于模糊的状态。

在电视媒体"模转数"的初期发展阶段中，电视台把模拟信号进行了转换，变成了由"0"和"1"构成的数字序列，从而更好地存储、编辑与传播资料，在较大程度上促进了电视信号稳定性的提高，并增强了节目素材的复写性与易存性。如此，各种媒介的数字化发展便于内容资源的互动和交换，这也只是传统媒介产生变化的起始。网络传送带宽的升级、媒体终端的多功能整合与通信技术的不断变革等，使传统媒介的形态已经产生了本质上的变化，渐渐脱离了原有的样态。

新技术推动媒介之间的相互"临摹"，此为媒介形态融合的初级阶段。在该阶段，技术发展主要聚焦打通媒介间的终端使用，呈现出媒介间小范围、局部形态的借鉴尝试特征。例如，触摸屏技术的发展使得触摸屏面板广泛应用于计算机、手机乃至电视机。触摸屏在平板电脑上的运用，对报纸电子化起到较大的推动作用，有利于移植报纸的版面设计和编辑思想，媒介间的相互借鉴能够为后续更深入的媒介融合奠定基础。随着技术的不断进步，媒介形态将在技术的持续塑造下，不断演变和创新，开启新的篇章。技术作为无形的力量，将持续引领媒介形态向更加多元、高效的方向发展。

基于新技术的主导，媒介间的相互嫁接成为媒介形态融合的一个新的发展阶段。在这一阶段，技术的发展主要是串联媒介间的传播渠道，综合构建多类媒介的技术共享体系与渠道，其基本特征是媒介间的大规模、整体性的跨平台互动传播。以移动互联和互联网为基础，传统媒体进行了一定的转变，打破了单一传播渠道的局面，拓展了多元化渠道与方式，并且有机融合了更多的新媒体传播特征。

在新技术的有力支持下，媒介形态融合步入高级阶段。此时，媒介边界呈现出显著的模糊化特征。进入该阶段后，媒介在形态方面展现出较为成熟的一体化特点。无论是终端设备还是整个系统的运作模式，都不再单一和平板化。报纸、广播、电视以及新媒体共同享用内容资源、渠道平台与终端系统。单凭外在的形态已难以辨别不同媒介的特征，媒介之间的区分更多地需要从传播的符号特性着手。例如，不同媒介在传播信息时所使用的语言符号、图像符号等各有特点，可据此进行区分。此阶段技术在"以人为本"理念的导向下，促使传播形态朝着充分满足信息传播需求的方向发展。各种信息在同一个平台上得以整合，不同形式的媒介实现了彼此之间的互换性与互联性。人们可以根据自己的需求和喜好，在不同媒介形式之间自由切换，获取所需信息，如此可以实现"任何人在任何地方获取任何信息"的传播理想。

2. 市场需求突破媒介形态架构

媒介的生存主要是由受众的需求决定的，受众是传播的主体之一。在媒体传播的过程中，受众是应重点考虑的一个核心要素。受众即市场，所以在各类大众传媒走进白热化的竞争时期，应尽可能获取更多的受众。受众的增加能够在无形中提高市场的占有率，并且大大增强市场的影响力。数字化时代推动了新媒体的变革，基于此，传媒除了应提供一定的信息，还需要为人们提供信息服务或者一些其他应用服务。

作为影响媒介生态的环境要素，市场需求可以对媒介形态的框架进行二次重组，也就是技术提供形态变化的可能性，而需求则在此基础之上进一步对形态最终的形成与融合造成影响，使功能更加集成，终端的使用更加便捷。推动媒介形态走向一体化的市场需求通常涉及以下两种。

（1）信息二元需求推动新旧媒介形态的一体化发展。基于新媒体环境，传统媒体的受众出现了分流的现象，受众的媒介需求已经体现出了多元化走向。互联网本身的便利性，与互联网信息的"库"的特征，可以在较大程度上使受众的信息需求得到满足，令受众从习惯性的信息"接收"变为信息"抽拉"。将"抽拉"信息的服务与推送模式相融合，能够建立信息的梯队（见图7-2）。由此而构成了媒体的"精品"信息和用户的"自采"信息结构，大大促进了信息传播的效用提高。

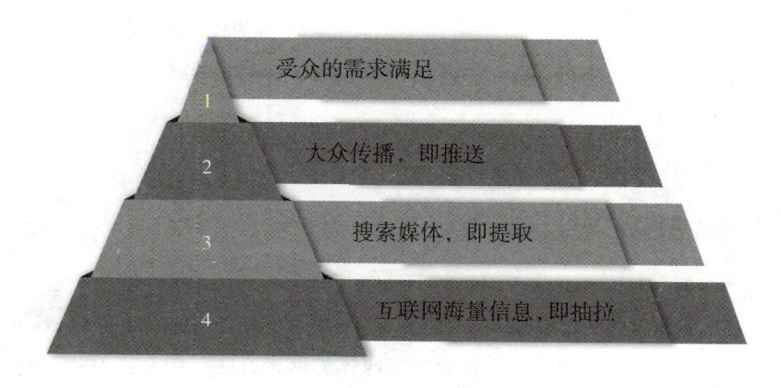

图7-2 新旧媒体构成的传播梯队

1 受众的需求满足
2 大众传播，即推送
3 搜索媒体，即提取
4 互联网海量信息，即抽拉

（2）社会化传播需求推动新媒体形态的一体化发展。在互联网步入 Web

2.0后期,互联网由"链接"向"连接"转变,网站之间和应用服务之间的关系由弱转强,运营者需在自身、用户及其他应用服务间建立广泛有效的连接。社会化媒体发展要求运营者加强不同媒介之间的连接,这体现在手机媒体与网络媒体正打通各自的信息渠道与终端,从而实现一体化互动。社会化传播需求推动新媒体形态一体化,这一趋势丰富了信息传播渠道和方式,不断促进了传播效率与效果的提高,令不同的媒介资源实现优势互补与资源共享,从而为广大的用户提供了个性化服务,在潜移默化中促使传统媒体加快转型融入新媒体发展潮流,持续推动新媒体领域创新发展,改变信息传播格局,使信息传播更高效、多元、个性化,为人们的生活、工作和社交带来深远影响。

3. 媒体发展需要形态融合

如果说技术能够提供基础,市场能够提出实际需求,那么媒体则由于自身生存和实际发展的需要而进行的持续的创新与改革,成为推动媒介形态融合的直接力量。由传播历史可见,由报纸到广播再到电视,在新媒介的不断冲击下,旧媒介经历了一次次的挑战,但是都能坚强地生存下来,并且具有独特的优势,能找到自己的生态位。根据目前的传播实践可以看出,新媒体并未成为传统媒体的"掘墓人",反而成为推动传统媒体不断进行自我改造的一种创新力量。创新传统媒体基本上具有以下两种方式(见图7-3)。

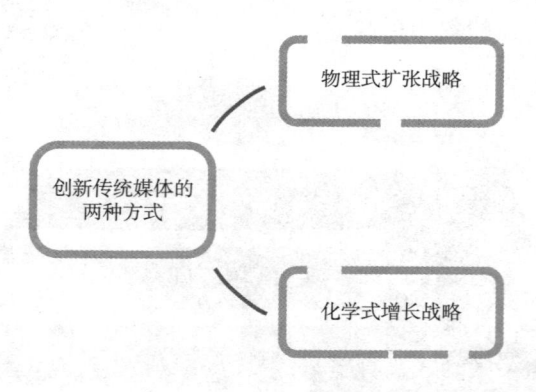

图7-3 创新传统媒体的两种方式

物理式扩张战略指的是将业务扩张至新媒体中,不断实现自身产业领域的拓展与延伸。化学式增长战略指的是通过不断实现转型,向着新媒体的方

第七章　基于数字化时代的新传媒业态升级与转型的前瞻性研究

向进行升级，而互联网生存与数字化生存则成为首要选择。

现如今，传统媒体的创新实践以物理式扩张战略为主，也就是在对传统业务形态与商业模式加以保护的基础上，和新媒体建立合作关系，或者有机应用新媒体传播的方式开辟新媒体业务，尽可能将不同媒介的优势与资源进行整合，从整体上发挥出协同效应，实现跨界传播。

在媒介发展的进程中，物理扩张或整合作为一种边际增量改革，旨在通过不同媒介的互动合作实现资源整合。然而，若在不充分考虑市场结构变化的情况下进行资源整合，往往成效有限。与之相比，媒介融合是展现出更具潜力的发展路径。在新媒体环境下，媒介如果要摆脱困境，必须转变以往"裂变式"的同类子品牌扩张的缓慢发展模式，以媒介转型为核心，依托传统业务整合优势资源，实现数字化升级，将渠道拓展至互联网，最终实现与新媒体形态的一体化。目前，两阶段局部的、增量的在原有形态上的变化仍是媒介创新的主流，此方式相对来说更加稳妥，在一定程度上能适应市场变化，同时降低风险。但在长远角度看，媒介融合的趋势不可阻挡。随着技术的不断进步和市场的不断演变，媒体需要更加勇敢地探索融合之路，积极应对挑战，以实现可持续发展。

（二）媒介边界的细分化发展

21世纪初期，新媒体取得了飞速发展，各种新媒体产品走进了人们的视野。比如，门户网站、搜索引擎、网络传播、网络游戏等都是以网络为主要传播渠道的新媒体。

新媒介产品都在新媒体这一笼统概念集合下，这意味着新媒介产品有着新媒体的基本形态特征，即"数字信息＋智能终端＋互联网"通道。且在新媒体的形态特征之下，其分别具备自身别具一格的技术特点，在互联网中拥有独特的抵达受众的方式和通道，可以令受众在使用的过程中获取不同的体验。并且其商业模式是各不相同的，所以有着充足的理由可以认为其是在新媒体这一媒介形态下形成的细分媒介形态。

新兴的移动互联网与PC互联网不同，它具有更加碎片化的市场特征，且拥有利于创新的土壤。在如此的环境下，可以预见将有一批新媒体形态应运而生，其在形态上的细分甚至会达到碎片化程度。这种发展趋势为新媒体领域带来了更多的可能性和挑战，促使新媒体从业者不断探索创新，以适应不断变化的市场需求，为用户提供更加丰富多样的信息服务和体验。同时，也对传统媒体的转型和发展提出了更高的要求，推动整个媒体行业在技术和内容上不断进步。

二、数字化时代媒体内容的多元化与交互性

如果媒体想要在真正意义上吸引广大受众，应在根本上生产出和受众的实际需求相对应的，甚至能够在一定意义上引领广大受众需求，形成内生性需求循环的媒体内容。媒体内容的多元化与交互性已经比较常见，然而在新媒体发展的时代下，各种媒介内容的"多元化"与"交互性"具备了新的内涵。

（一）数字化时代媒体内容的多元化

随着数字技术手段的不断增加、信息量的不断丰富和物质载体的多样化，媒介的内容生产大大打破了原有的介质限制，同时具备多元化特点。内容的多元化具体包括了三个层面的内涵（见图7-4）。

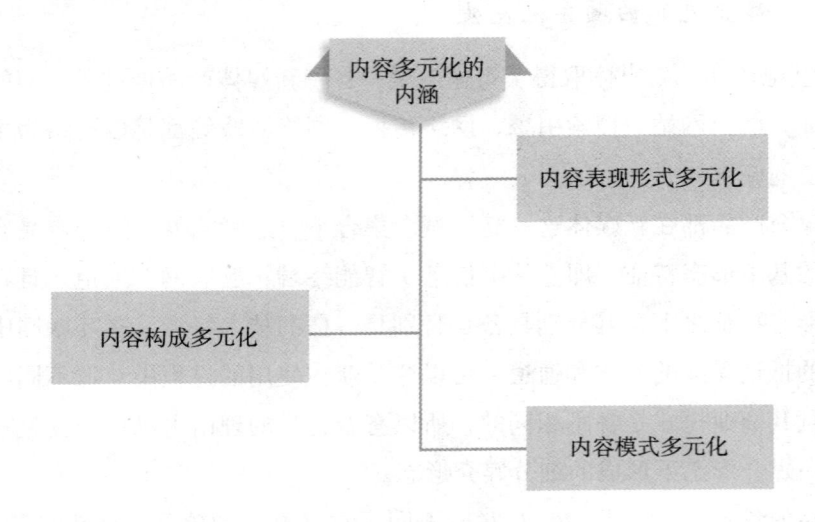

图7-4 内容多元化的内涵

第七章 基于数字化时代的新传媒业态升级与转型的前瞻性研究

1. 内容表现形式多元化

在当今时代,随着媒体内容使用"比特语言",内容的传播方式发生了重大变革。各种内容可以采用不同的运输方式和包装处理进行传播,使海量信息的最终表现形式较为多样。新媒体内容涵盖了传统媒体的音频、视频和图文内容,还向更大范围的多媒体内容拓展。新媒体内容包含了两种或两种以上的媒介符号系统,如文字、声音、图形、图像、动画和活动影像等。从不同格式的文本文件到广播视频和多媒体视频的运动图像,从不同分类的内容采集到摄录设备和网络媒体的内容整合,再从不同级别的视频处理到视觉与听觉感官一致性的图文处理,新媒体在方方面面都展现出了强大的内容扩展性。多元化的表现形式使得新媒体内容的信息量和表现力远远大于传统媒体内容。一方面,丰富的媒介符号系统能够更全面、生动地传达信息,满足不同受众的需求和喜好。例如,通过图像和动画的结合,可以更直观地展示复杂的概念和过程;利用声音和视频的配合,能够营造出更加沉浸式的体验。另一方面,多样化的内容表现形式也为创作者提供了更多的创作空间和可能性,激发了创新活力。

2. 内容构成多元化

新的媒体内容实现了质的飞跃,突破了过去单一专业机构提供内容的格局,用户生成内容的勃发能够为新的媒体提供生命力。在 Web 2.0 时代背景下,个人生产、制作与推荐的内容相互进行传递,已经逐渐成为网络中内容的重要构成部分。用户生成内容是一种全新的内容提供方式,这意味着内容组织成本更低、用户聚集更加快速、用户黏性更大。传统媒体内容的专业性与精品性特征能够和用户生成内容的交互性、友好性与体验性等诸多特征之间相互补充,推动内容的多元化发展。

3. 内容模式多元化

在新媒体时代,新的媒体产品层出不穷,内容模式也呈现出多元化的特点。由于不同终端的信息传播和接收特质各异,在内容生产上必然采取不同的模式。一种模式的内容由不同终端共同使用,并非技术不可行,而是传播效

- 177 -

数字化时代的传媒产业结构升级与创新

果会大打折扣。实际上，在不同终端上呈现同一主题内容，因终端传播特点和技术要求，其表现形态和格式存在较大差异。例如，在移动终端上，应该对视频内容进行重新加工。目前，有专业视频生产部门对节目内容进行专业化、精细化的二次加工，将一期节目剪切成短小视频。例如，手机电视的内容模式与传统电视相比有显著不同。从视听语言角度看，手机电视不适合表现宏大场面和深远背景，为保证画面信息有效传递给观众，遵循特有的视听语言规则，少用深镜头和全景，多用近景和特写。从其易受干扰、收视时间支离破碎的特点看，手机电视一般较为短小，单个节目通常只有一到两个兴奋点，情节复杂与结构精巧的节目不适用手机电视传播。而印刷报纸与电子报的内容模式也因接收特点不同而表现出差异，印刷报纸更注重深度报道和版面设计，而电子报则强调即时性、互动性和多媒体融合。终端特点要求同一内容有不同的内容模式提供，充分体现出了新媒体时代受众需求的多样化和个性化。

（二）数字化时代媒体内容的交互性

新的媒体内容体现出了以下几种内容的交互性（见图7-5）。

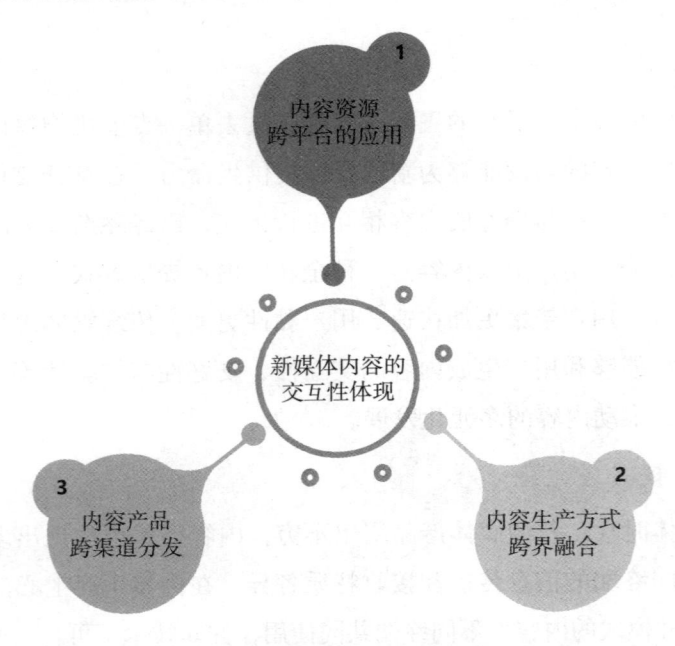

图7-5 新媒体内容的交互性体现

第七章 基于数字化时代的新传媒业态升级与转型的前瞻性研究

1. 内容资源跨平台应用

在当今数字化时代，各媒介的数字化生存已逐步完成，内容资源的整合利用已经变成了一大核心问题。"数字内容库"是利用数字技术对各媒介原有散乱、沉积的内容进行梳理和整合，以科学的分类模式，在横向条目和纵向时间线上进行规整，从而形成"图书馆"般的规模效应。"数字内容库"实现了一目了然的展示效果和便捷的"抽拉"功能，使受众能够自由地在各种格式的图文和音视频内容之间进行选择。内容资源的跨平台集成在很大程度上提高了内容的利用效率，使原本分散在不同媒介平台的内容得以整合，避免了重复建设和资源的浪费，同时为受众提供了更加丰富和便捷的内容体验，使受众无须在多个平台之间来回切换，便可轻松获取各种类型的内容。此外，强大的内容整合能力也为未来媒体的付费商业模式奠定了基础。当内容库的规模和质量达到一定程度时，媒体可以通过提供优质的付费内容服务，实现可持续的商业发展。

2. 内容生产方式跨界融合

在较长的一段时间内，新媒体扮演着为传统媒体内容提供渠道的重要角色，用户生成内容提供了诸多的便利，摆脱了对于传统媒体的内容依赖。然而，用户生成内容作为一个整体，其具有一定的价值，但是大多数的用户生成内容价值往往不高，在质量方面更是良莠不齐，从而使用户生成内容的组织、数据挖掘、聚类等问题尤为突出。传统媒体的内容、编辑经验与人才等，将会被吸纳到社会化媒体的构建中。除此之外，传统媒体也在与时俱进，不断借鉴新媒体逐过用户互动产生信息的方式，尽可能将广大受众与信息生产的环节相互结合，从而构建内生性的信息增量循环。当前，我国传统媒体已经引入了用户生成内容，将媒体内容与类型不断拓展、延伸，尽可能使之与用户之间的黏度、关联度不断增加。

3. 内容产品跨渠道分发

一直以来，传统媒体着重强调信息流动与多向传播，试图将原有的传播模式打破，尽可能基于当前数字化时代下，形成与互联网等新兴媒体在信息流动上的竞争力。新的信息流动与媒介互动主要在内容产品的跨渠道集成和分发上有所体现。与中国网络电视台相似的跨渠道内容分发体系引起了国内外一些实力雄厚的内容运营商的关注与青睐，并且已经从覆盖的广度转向了覆盖的深度。

三、数字化时代信息传播的一体化与多向化

在新的媒介环境支持下，信息传播的硬件建设与软件规范不断得到加强，已经逐渐形成集成化和标准化的趋势。多元化的渠道之间进行信息流通具有更高的可能性，因此推动了信息价值的多流向开发和信息把关的多节点的实现。

（一）信息传播技术的一体化

1. 信息传播硬件配置的集成化

媒介形态一体化发展趋势需要一定的硬件技术支持，要求媒体硬件配置确保平台的开放性，或者是能够实现跨媒介的信息集成。跨媒介信息集成的最佳例子便是中国网络电视台的集成播控设施。目前，中国网络电视台已经具备移动电视、互联网电视、IP 电视等集成播控平台，能够将自身所具备的内容优势进行转化，内化成为生产力，并结合市场化的运营模式，不断对产业链条加以完善，聚集产业的优势。

2. 信息传播软件配套的标准化

假如媒介融合想要在同一个平台上实现多种信息的有机整合与交换，并且促使各种媒介能够体现出多功能一体化的走向，必要的条件则是硬件的集成与兼容，同时，软件配套上的技术标准统一更不可或缺。

在当今的媒体融合时代，统一的技术标准制定成为融合的前提，而标准的实施则是其成功的关键。以手机电视为例，当前存在广播方式的 CMMB 手持电视与流媒体方式两种播出模式。在手持电视业务中，"手机"需要电信行业的网络支撑，"电视"则需要广电行业的内容支持，这要求广电行业与电信行业双方进行合作。然而，我国手机电视国家标准为电信行业业务主导的 TMMB，而市场推广更广泛的是广电行业主导的 CMMB，从而导致

了广电行业与电信行业在手机电视业务上的竞争。2010年,"TD+CMMB"手机电视业务已经正式商用。TD是我国自主创新的第三代移动通信标准,CMMB是我国自主创新的移动多媒体广播电视标准。从目前来看,"TD+CMMB"手机电视业务的前景受制于从终端到内容再到接入等各方面的标准实施困境。手机电视产业的发展需要广电行业与电信行业的协同合作,共同推动统一技术标准的实施。双方应加强沟通与协调,明确各自的职责与优势,避免重复建设和资源浪费,并且应加大对标准实施的投入,包括技术研发、基础设施建设和市场推广等方面。只有通过有效的标准实施,才能确保手机电视业务的稳定运行和高质量服务。不仅如此,政府部门的工作同样不可忽视,需要积极发挥引导作用,并制定相关政策法规,促进广电行业与电信行业的融合发展。政府应建立协调机制、加强监管,结合一系列有效的措施,推动双方在技术标准、市场准入和业务规范等方面达成共识。

不单是媒体业务的扩张应加强技术标准的统一化工作,媒体市场的环境和规范工作同样离不开一元技术标准的支撑。标准化的基本功能是有效促进互操作,这是我国媒体业发展的实际需求,尤其是在数字化领域中,应基于一定的标准探寻协调统一的解决措施,从而有效推动产业融合与发展。

(二)信息传播技术的多向化

信息传播技术的多向化主要从以下两个方面进行分析,即信息价值的多流开发与信息把关的多节点实现。

1.信息价值的多流向开发

在传统的信息传播过程中,信息的使用通常是"一次性"的,根本原因在于媒介间由于介质的限制,难以做到信息价值的多次实现。在当今信息爆炸的大环境中,受众往往比过去任何情况下都更加需要将信息资源进行整合,并且结合信息进行深入的挖掘与解读,最终形成行为与态度。在新媒体时代下,即便是同一条信息,也能够在不同信息群组中发挥不同作用,既可为A信息群的支撑性信息,又能成为B信息群的补充性信息,还可加入C、D等多个信息群组,使信息价值因使用率提高而多频次彰显,并让受众的多元需求得以满足,且能通过同一信息的多点导引实现议题扩展,在注意力对象迁移中带动新一轮需求产生。信息价值的多层次和多维度开发与实现,得益于新媒体技术提供的信息跨媒介使用,从而使信息能够突破传统媒介的限制,在不同平台和渠道中流动,充分发挥潜在价值。多维度的开发既能大大丰富信息内容,也能为受众提供更广阔的认知空间,推动着信息传播和社会交流向更深入、更广泛的方向发展。

2. 信息把关的多节点实现

现如今,信息渠道已经变得越来越多样化,特别是互联网之类的信息传播渠道,这使信息的把关难度逐渐增大。其中,海量的信息在多元化渠道流通中所形成的多个传播节点的存在是比较大的一个挑战。信息把关的目的是将一些负面的、虚假的信息过滤,确保有效信息的进入。海量信息与多元化渠道成为把关中的一个问题,但也为媒体的把关提供了路径与思路。

一方面,在确立把关角色的时候,需要尽可能使多个信源能够呼应同一议题,促使信源主体可以作为辅助性的角色,帮助媒体实现信息提取。用户的收藏行为、评分行为等,本质上均能协助其他用户进行内容选择,并且为用户提供更好的呈现方式。换而言之,不同榜单与内容的呈现与用户本身的行为都是密不可分的,每一位用户的实际参与,本质上就是对内容的一次投票,且因此能够或多或少地转变平台内容的呈现形式。最终,平台上所呈现出来的内容是由不同审美标准、不同趣味的用户行为合力作用的结果,这实际上就是一次用户集体把关的结果。

另一方面,媒体重点在把关的方式上,从信息的扁平化传播变成了深入阐释,把关的过程实际上也就是基于原始信息附加媒体信息的整合与媒体判断、评价,这样才能让信息把关流程延长至受众,通过受众接触媒体二次整合更新以后的信息而进行价值判断,这样才能进一步实现把关的效果。就目前而言,云计算和云储存能够令不同的媒介与媒体间进行交流,通过"云"平台有效实现信息共享,并且公众也能够随时随地参与信息发布活动,以供媒体进行内容报道。在实现了云计算以后,广大编辑可以对网络中的信息进行充分的提取,从而令报道更加深入化、多元化。

第七章 基于数字化时代的新传媒业态升级与转型的前瞻性研究

第二节 基于数字化时代的新传媒产业形态的升级与重构

一、技术支持下的新传媒产业形态升级

新媒体产业本身的发展不单单由文化与经济推动,自20世纪90年代开始,在新媒体产业的进程中,信息技术的迅猛发展具有举足轻重的作用。传媒产业的各个环节,如信息采集、处理、传输等,均被移动通信技术与互联网技术赋予了新的内涵,促进了新传媒产业结构与形态的创新升级。如此,既有效拓展了媒体产业种群与消费市场,更进一步促进了产业链的整体调整和拓展。

(一)产业门类裂变

在当今媒体与信息技术汇流的时代,信息技术的每一次突破都会在媒体领域迅速反映出来。新技术的不断涌现直接促使传媒业内部及其相关领域诞生众多新的产业群落。新媒体技术催生的文化产业中的新兴产业呈现出"族群"式发展态势。沿着新媒体发展历程的时间线观察,每一个重要的新媒体形态产生并大规模应用后,都会在其他产业边界上融合,催生出一个"族群"的新兴产业群落。比如,电脑的普及应用为电子出版、数字音乐、电脑软件服务、数字电影等新兴文化产业注入了强大生命力,而互联网的出现则塑造了网络游戏、网络广告、流媒体点播、音乐视频下载服务、软件服务、博客、播客等新的文化产业门类。当下,移动博客、手机电影等以手机为用户终端的产业正形成热潮,还有一些融合多媒体技术的动漫、卡通等产业类型。这些新媒体类型的产生主要有两条路径。一是新的媒体传播技术与传统

媒介产业相结合，改变了传统媒体的制作方式和传播平台，形成新的传媒产业门类，如传统出版业与数字技术结合产生电子出版，其制作过程数字化，传播平台从纸质书本转移到电子设备。二是移动通信、大容量数据库、互联网信息服务等具有高新技术属性的新兴产业部类逐渐成长为传媒产业中具有鲜明时代特点的重要组成部分。以移动通信为例，手机从简单的通话工具发展成为集多种媒体功能于一身的智能终端，衍生出手机游戏、手机视频等众多新兴产业。从产业结构看，产业门类的裂变丰富了传媒产业构成，使其更加多元化。不同产业之间的融合促进了资源优化配置，提高了资源利用效率。从市场角度看，新兴产业满足了消费者日益多样化的需求，为消费者提供了更多选择。同时，新兴产业创造了大量就业机会，吸引不同领域专业人才投身其中，进一步推动了产业创新和发展。基于数字化时代的传媒产业门类的裂变具体如下。

1. 基于传统媒介衍生新的产业类型

面对新媒体带来的挑战，传统媒体的要旨已经由试图把控好内容，逐渐变成了充分应用新媒体，有机结合新媒体。传统三大媒介即报纸、广播、电视，与当前时代的新媒体相互融合，进一步产生了手机报纸、网络广播、数字电视等新媒体产业类型。

2. 各种类型的新兴媒体出现

随着时代的发展，各种类型的新兴媒体不断涌现。新新媒介就以强大的功能和便捷性，迅速吸引了大量用户。比如，博客让个人拥有了发声的平台，维基百科实现了知识的共创共享，社交网站和微博则大大拓展了人们的社交圈子，在线视频丰富了人们的娱乐生活。各种类型的新兴媒体改变了人们获取信息和交流的方式，也对传统媒体产生了较大冲击。新新媒介主要起始于20世纪末，兴盛于21世纪，基本特点如下（见图7-6）。

1. 消费者即生产者
2. 生产者大多是非专业人士
3. 新新媒介间的关系既相互竞争,又相互促进
4. 新新媒介的服务功能大于搜索引擎与电子邮件
5. 新新媒介不具备由上而下的控制
6. 新新媒介能够让人人都成为出版人、制作人与促销人

图 7-6　新新媒介的基本特点

目前来看,新兴媒体尚未形成自身独特的媒体逻辑。尽管新兴媒体发展出了个性化信息沟通和意见生产的技术,也出现了被市场广泛认可的新媒体运营商,但一直未能找到让个性化受众和意见生产者自愿付费的信息增值模式。当前,"新媒介"或"新新媒介"的商业盈利和产业经营主要是从传统媒体继承的"广告盈利模式"或"类广告盈利模式"。新兴媒体在发展过程中需要不断探索创新的商业模式,以摆脱对传统盈利模式的过度依赖,并且要提升用户体验,满足用户个性化需求,增强用户付费意愿,更应不断加强产业链的整合与协同,提高产业的整体竞争力。只有不断创新和完善,新兴媒体才能在激烈的市场竞争中立足,实现可持续发展。

(二)产业链拓展

产业链主要是由主导产业和与之相关联的产业结合而成的产业体系,是消费者最终的实际需求所涉及的一系列存在着上下游关系的企业集合,是以核心产品或者服务为主的创造链。产业链中的产业可以是一家混业经营的大公司所拥有,也可以分属于不同的公司。经典的传统媒介产业链涉及四个环节(见图 7-7)。

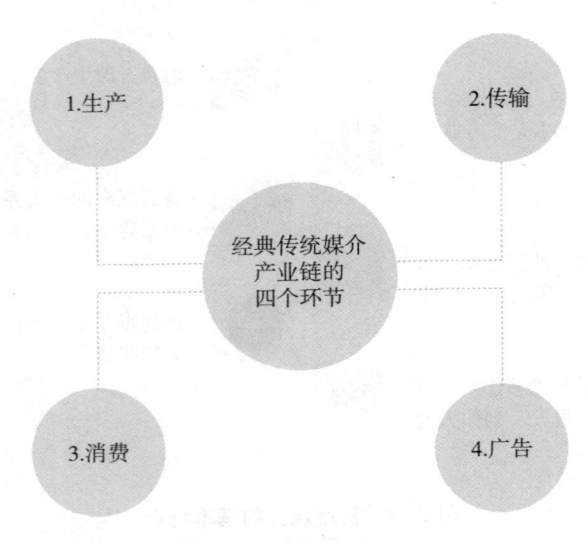

图7-7　经典传统媒介产业链的四个环节

在经典传统媒介产业链中，媒体通常能够控制内容生产与渠道传输环节。比如，传统报业一般有着自己的采编部门，更有自己的印刷厂和发行点。毋庸置疑，内容生产商扮演着主导者的角色。制作内容、数量以及受众的定位等，基本上是由报社、出版社、电视台自己决定的。但随着新媒体时代的来临，传统媒体已经正确认识到了自己的弱势，认识到自身处于产业链的低端，难以掌握产业链的其他部分。这主要是因为新的传媒产业链的纵向环节相对来说更多、更长，在横向上的业务往往是交叉的、复杂的。

1. 产业链纵向延伸

在新媒体时代，传媒产业链正经历着深刻的变革，呈现出纵向延伸的态势。新的传媒产业链上下游环节不断增多，包括内容提供商、技术提供商、平台运营商、终端生产商、通信设备商、电子支付商以及用户等。在这条超长的产业链中，新加入的环节日益增多，传统媒体的角色在无形中被弱化。出现此种态势的主要原因在于新媒体技术在传播各个环节的广泛运用，从内容创意到信息采集，从生产加工到流通消费，新媒体技术无处不在，从而使部分环节的专业技术性和所需的产业支持超出了传统媒体的能力范围。在策划创意阶段，越来越多的传播需要多样化的软件和人机交互设备来完成设计思路。比如，VR 技术和 AR 技术的应用，为内容创意带来了全新的视角和体验，而传统媒体往往难以独立完成这些复杂的技术操作。在发行阶段，一些新媒体产品和服务已开始利用电子商务进行，不断推动发行效率与质量的提高，并且能够有效拓展市场覆盖范围。而传统媒体在电子商务领域的经验相对不足，难以与专业的电商平台竞争。在使用或消费阶段，越来越多的传媒产品及其体验式消费需要一系列的软件和硬件支持，如电脑、流媒体电视、掌上电脑等终端设施以及视频软件、网络流媒体等软件。同时，互联网与移动互联网已成为受众消费媒体产品更为便捷的渠道。

传统媒体无法像过去一样包办产业链的所有环节，而技术提供商、平台运营商等公司由于谙熟技术和渠道，已经逐渐成为传媒产业链上举足轻重的环节。这些公司凭借先进的技术和强大的渠道优势，能够为用户提供更加个性化、便捷化的媒体服务。例如，技术提供商可以开发出高效的内容分发平台，提高内容的传播速度和覆盖范围；平台运营商可以通过大数据分析，精准地了解用户需求，为用户提供定制化的内容推荐。然而，传统媒体并非毫无机会，其拥有丰富的内容资源和专业的采编团队，这恰恰是其核心竞争力。传统媒体可以与技术提供商、平台运营商等合作，共同打造优质的媒体产品和服务。同时，传统媒体也应积极拥抱新技术，提升自身的技术水平和创新能力。例如，传统媒体可以利用人工智能技术进行内容创作和编辑，提高工作效率；可以利用大数据分析了解用户需求，优化内容策略。

除了出现了全新的产业环节，随着技术的不断进步与专业化分工逐渐深化发展，传统媒体产业链中的一些环节的独立性得到了持续增强，并且能够脱离原有媒体。传统媒体内部中各个组成部分所组成的供应链形式的产业链也不断分化，使产业链得到拓展与延伸。

2. 产业链横向扩展

产业链的横向扩展指的是媒体通过对同类业务的其他媒体的收购、兼并，或者与同类业务的其他媒体进行联合经营，从而横向扩展现有业务范围，使经营的规模不断扩大，尽可能降低成本，增强产业链的竞争水平。

在媒体规模化发展的内部需求和市场本身的个性化需求之间的共同作用

下，媒体集团需实现自身产业价值链的横向拓展（见图7-8）和综合成本的持续递减，其整体发展趋势是并购与合作。

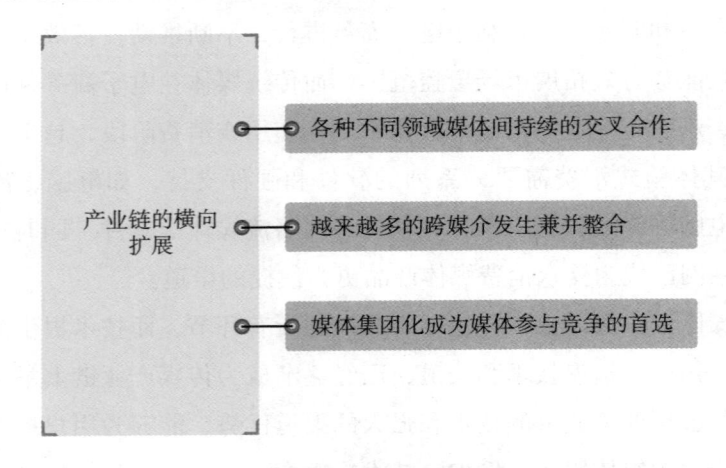

产业链的横向扩展
- 各种不同领域媒体间持续的交叉合作
- 越来越多的跨媒介发生兼并整合
- 媒体集团化成为媒体参与竞争的首选

图7-8　产业链的横向扩展

在当今时代，媒体产业链的延伸是其空间分布的适应性调整，也是各种资源的优化组合与连接，但这并非易事。除企业间关联性及互惠互利的要求外，畅通的物流渠道、发达的要素市场、快速的信息传递、公平的竞争环境以及其他有利于促进产业链延伸的公共物品和服务也不可或缺，甚至在某些情况下具有十分重要的作用。但当前传媒环境下，这些条件未能有效实现，使得媒体产业链的横向拓展受到各种制约。这需要人们深入思考如何改善传媒环境，加强各方面的建设，以推动媒体产业链的健康发展，实现资源的更优配置和产业的持续发展。

二、以用户为核心的传媒产业商业模式重构

新媒体时代对传媒生态产生了不可忽视的转变，其中主要的改变是促进了用户的崛起。新媒体能够使媒体的竞争焦点与核心价值产生比较大的改变，衍生出新的商业模式，进一步为旧媒体经济朝向新媒体经济发展提供助力。

（一）媒体价值体系的重构——内容提供与渠道服务

在传统的传媒产业中，媒体的竞争对手通常是同业，根本原因在于一个媒体往往既是内容提供商，还是服务提供商。比如，电视台本身是节目的生产者，它是一个内容提供商，同时通过社会制作机构购买一些节目，再以自己的渠道向受众播出，所以电视台也是一个服务提供商。电视台拥有双重的角色，其同时具备媒体的话语权和经济效益，这是其与渠道服务的垄断紧密联系在一起的。一般实力较强的媒体更加重视控制诸多的渠道，如报业通常是自主建立印刷厂与发行体系。传统媒体结合包办内容提供和渠道服务，建立了传统媒体对于受众和广告客户较为强大的议价能力，其所获取的利润是丰厚的、稳定的。

在新媒体时代，基于供应无极限的互联网渠道的传播给传统媒体带来了较大冲击。传统媒体一手抓内容生产一手抓服务提供的商业模式难以为继。IT 公司利用技术与资本优势组建的网络服务企业，迅速抢占互联网用户入口，并向内容服务领域强势渗透，成为在线服务的"巨无霸"。它们的一体化平台优势让传统媒体的渠道供应优势不再，传统媒体在上网谋生或被迫借用网络服务平台时，失去了议价优势，成为单纯的内容提供商。这体现出了传媒产业体系的重大调整：专业内容提供与渠道服务分离。失去渠道保护的媒体，在互联网免费供给和数字产品零成本复制的大环境下，面临着内容收益无法收回成本或微利难以支撑产业繁荣的困境。内容提供商若不能拥有传输和发布平台，就必须另寻途径为内容构建"护城河"，以保证在分发渠道面前有足够的议价能力，实现产业循环的良性运转。于是，版权日渐代替了有形的产品，成为传媒产业中一大新的核心价值，版权收入将会成为传媒产业中的重要收入来源。

（二）媒体盈利中枢的位移——大数法则与长尾理论

传统媒介中的报纸、广播、电视等，是比较典型的大众传播媒介，点对面的单向批发式传播形式是其传播特点，而广告盈利模式建立在此基础之上，也就是在传播的过程中应遵守"大数"的法则，尽可能获取受众的关注，吸引受众的注意力，通过发行量、收视率与收听率等换来相对应的广告投放。无论是大众传播中的价值取向，还是其中的内容取向，均建立在大数法则的基础上，也就是结合对大众需求的平均表现与平均趋向的预测实现传播，努力寻找大众需求的最大公分母，并以此盈利。

在当今时代，长尾理论得到了人们的重视。长尾理论在传媒产业中的应用，能够为体验经济时代新型的媒体盈利模式提供注解与启示。"长尾"是统计学中幂律与帕累托分布特征的口语化表述。少量的需求能够在需求曲线中形成"尾巴"，将非主流的市场累加起来，则能够形成一个更大的市场。在当今时代，当大众化标准产品逐渐失去优势，个性化产品和服务的需求愈加重要，长尾理论的价值也日益凸显。长尾理论实现的基本前提是市场和企业具备为长尾中的无限细分市场提供定制产品的能力，并且能够将渠道成本降为零或趋近于零，以便针对无数细分市场以较低的渠道成本提供产品和服务。

在新媒体时代，长尾理论所揭示的产品消费规律为媒体带来了启示。具有新媒体属性的文化产品具备独有的特性，其边际成本趋近于零，一旦产生即可零成本无限复制，成为边际非稀缺资源。即使一些看似小众的长尾产品，虽被点击和下载的数量有限，但由于库存与销售成本几近于零，其价值依然不可忽视。从经济学角度看，这为媒体创造了新的价值空间。媒体加强长尾市场的挖掘，为用户提供个性化产品和非主流服务，可以满足不同用户群体的多元需求。小众需求的集合，能够积少成多，形成可观的利润，这要求媒体转变传统思维模式，不能单纯将目光聚焦热门产品和主流服务，而是充分利用新媒体技术优势，深入开发长尾市场，以实现更广泛的商业价值和社会价值。

由大数法则至长尾理论，能够体现出媒体盈利中枢产生了变化，在媒体盈利天平上，小众用户乃至个人用户的分量逐渐加重。

（三）媒体营销模式的转变——交易营销与数据营销

传统媒体营销本质上属于一种交易营销，更加强调为消费者提供更多的

第七章 基于数字化时代的新传媒业态升级与转型的前瞻性研究

产品与服务,从而尽量换取消费者更多的注意力和广告收入。在新媒体高速发展的背景下,传统营销受到的挑战较大,将交易作为导向的传统营销,通常认为市场是以同性质的无关紧要的个体用户而构成的,但是现代传媒市场并非由大量的无关紧要的个体受众构成,且每一位受众都具有不同之处,他们都是需求、欲望与购买能力具有较大差异的个体,所以当今社会背景下产品多样化与需求个性化的趋势不断加强。

一般情况下,交易营销认为市场中的交易双方具有不同的主动性,也就是有"消极的买方"与"积极的卖方",营销的关键在于卖方用营销组合手段,其中有产品、价格、促销等,从而将顾客购买的欲望激发出来。有着特定需求的受众通常也在不断寻找与自己需求相适应的媒介产品,双方具备良好的互动关系,并且受众在新媒体上的主动性往往更加强烈。如今,人们越来越不乐于接受被动的传播模式,相反,更加倾向于根据自身的兴趣爱好,自主选择是否点击广告。然而,只有受众自身有着需求的时候,他们才会点击广告,才能够有效完成营销的过程。

在此背景下,数据营销应运而生。数据营销主要是在互联网、数据库技术等的发展下,渐渐兴起与发展成熟起来的一种市场营销推广方式。长尾理论的应用一般和数据营销结合在一起。受众经常性地应用互联网,会留下各种各样的痕迹。对此,广告主能对参与者的身份进行识别,并通过电子档案、交流模式、社会关系网络等对受众的行为进行全方位的预测,从而明确目标市场,进而定位产品或服务,甚至能够为受众提供更加细致、个性化的服务支持与营销设计。数据营销能够将传媒产业的营销观念进行整体转变。与大众传播时期有所不同,数据营销不是结合有限的反馈对受众的需求进行预测,而是对消费者的数据进行收集与积累,精确定位受众,再更有针对性地进行产品生产与营销。

在新媒体蓬勃发展的浪潮下,数据分析业务正经历着深刻的变革,展现出全新的特点与较大的价值。首先,新媒体的崛起促使数据分析业务的种类日益丰富和细化。随着媒体形式的多元化,从社交媒体到短视频平台,从直播领域到音频媒介,不同的新媒体类型有着各自独特的用户行为模式和内容传播特点。为了更好地适应这种多样性，数据分析也必须不断拓展领域，针对不同媒体进行深入剖析。例如，对于社交媒体平台，数据分析不仅要关注用户的社交关系网络、互动频率和话题热度趋势，还要深入挖掘用户情感倾向和口碑传播路径；对于短视频平台，需要分析视频的播放量分布、用户留存时长、内容创作风格偏好等。这种丰富细化的数据分析能够为新媒体从业者提供精准的决策依据，助力他们在激烈的市场竞争中找准定位，满足不同用户群体的个性化需求。其次，业务活动流程实现了全程化和跟踪化。传统的数据分析往往局限于事后总结或延迟性分析，难以对新媒体的快速变化做出及时响应。而如今，数据分析贯穿了从潜在市场分析到用户反馈的整个过程。在项目启动初期，通过对潜在市场的深入洞察，包括目标用户群体的规模、特征、需求偏好以及市场竞争格局等方面的分析，为新媒体产品或服务的规划提供科学指导。在运营过程中，持续跟踪用户行为变化，实时监测内容传播效果，及时发现问题并迅速调整策略。同时，数据分析不再是一次性的闭合过程，而是形成了定期、跟踪的动态模式，可确保新媒体运营者始终掌握市场动态和用户需求的变化，及时优化产品和服务，提升用户体验。最后，商务市场的公共服务化程度显著提高。分析机构积极举办各类论坛，免费提供部分数据报告，以此实现对传播社会价值的关注，强化受众对媒体的认知。如此，分析机构履行了社会责任，并提升了自身的品牌价值。以DCCI互联网数据中心为例，它以独立第三方的身份，凭借Panel软件、代码嵌入、海量数据挖掘和语义信息处理等先进技术手段，结合线下线上调研，提供第三方测评服务、监测研究数据产品、定制调查研究分析服务和交流活动四大业务。有关的业务为互联网企业提供了重大决策支持，帮助他们优化网站产品服务，并且为广告主和营销代理服务商洞察市场提供了有力工具，使其能够优化媒介计划、评估广告效果、改善营销方案，进而提升商务效能。

第三节　基于数字化时代的新传媒产业平台的一元化转型

一、数字化时代下新传媒产业标准建设的"一脉相承"

就新传媒产业来看，技术的标准化建设可以对市场进行重构，并且对各种类型的资源进行整合，加快信息的传播。如果缺乏标准化的建设，那么会加剧市场主体各自为营的局面的形成，也会使信息资源的分布与排序越来越混乱。

（一）市场主导下的标准打造

新传媒产业发展中，行业或者市场标准的确立是不可或缺的，其标准打造主要分为以下三个步骤。

1. 市场领先者打造标准

在市场发展进程中，市场领先者是标准打造的先锋角色。他们作为率先尝试的开拓者，凭借技术领先优势初步确定标准概念。然而，在此阶段，市场尚处于空白状态，标准的确立面临诸多难题。由于缺乏可参照的对象以及成熟的科学评价规则，新制定的标准很可能存在不少技术漏洞。同时，在探索过程中，还可能与其他媒介的技术产生重叠，引发混淆与冲突。但正是种种不确定性的存在，为后续的创新与完善提供了广阔空间。市场领先者需在实践中不断摸索，逐步弥补技术漏洞，明确与其他媒介的技术边界，以推动标准走向成熟与稳定，为行业的持续发展奠定坚实基础。

2. 市场竞争各方的标准博弈

当该媒介与其产品能够在市场中取得良好反应，则会不断增加用户，从而出现市场竞争者，步入标准的博弈阶段。受到了新媒体环境的影响，竞争者的数量迅速增加，同样，更加激烈的博弈也会大大缩短淘汰与并购等时间线。在此阶段中，市场中已经开始出现标准联盟，只有不断加强合作，采取"抱团"式的发展方式，才能确保中小市场主体的发展，标准的竞争也才能够进入"拉锯战"。

3. 市场垄断者的标准确立

在行业竞争的过程中，一些有着垄断性优势的个别媒体出现之后，确立的标准则会越来越清晰。不论任何一种媒体，一旦成为标准的垄断者，为了对其行业主导者的地位进行维护，则会在确立标准之后，积极打造技术的壁垒，通过技术的支撑为其服务。

（二）数字化时代下新传媒产业标准的开放性

标准的打造是一种循环结构，所以市场主体间的竞争会长期存在。无论是传统媒体还是新媒体，在当前都在逐渐被一些新颖的应用程序影响。最初，只是单纯地在手机上运行一系列应用程序，后来，在平板电脑、电视、打印机上等，都会有一些应用程序。一般情况下，应用程序是第三方开发者结合主流媒体用户的实际应用习惯，挖掘其内在的需求，尽可能开发一系列新颖的应用程序，从而有效实现市场空白的切入点。开放平台具体指的是在数字化与互联网时代下，媒体将产品或者服务进行封装，设计成便于计算机识别的一系列的数据接口，并将其开放出去，以供第三方开发者使用的技术平台。软件系统将其应用程序编程接口公开出来，从而使外部的程序能够有效增加该软件系统的功能，或者大量应用该软件系统中的有关资源，无须更改软件系统的源代码。

数字化时代下的新传媒产业标准的开放性可谓势在必行。开放能够确保标准制定者自身的主导性地位与角色，并且可以进一步实现利益的共享。一方面是经济效益的分成，另一方面是通过共享数据代码，在真正意义上能够实现刺激并满足受众的实际需求，令提供开放者与参与开放者都可以获得智慧共享，推动新传媒产业的长效发展，为新传媒产业带来更多的可能。

二、基于三网融合的一"线"贯通

将来，媒体信息的构建不再仅仅以单个媒体为主，更不会过分追逐用户的需求，而是构建一个密度较高的社会化的传媒网络，从虚拟化的角度上影射现实、同步社会运转过程中的许多方面。在媒体社会化的网络结构之下，信息传播能够发挥出实际功能，不仅能突破传统媒体的时空限制，还可以形成与现实社会之间的良好互动，实现虚拟和现实的双向"再造"。

（一）社会化传媒网络的信息构成

社会化传媒网络在信息构成方面彻底突破了传统媒介的时空限制，实现了时间同步和空间定位，可以准确无误地进行信息传播，并且可以在较大程度上避免诸多的外来因素的影响与干扰。其中，社会化传媒网络具有即时传播的效果，可以在真正意义上实现同步传播。多种传播方式与多种终端技术的支撑，能够避免在信息传播的过程中出现发送端时间延迟的现象，并且可以确保信息接收端的同步兼容。另外，社会化网络具有全覆盖的即景传播作用，可以形成对于任何一个地理区域的传播覆盖。

社会化传媒网络的信息构成中，其传播逻辑是信息的"内生式"。基于新媒体环境的支撑下，在网络融合之后，信息节点实现了无限的递增，能够形成新的信息传播特质，综合来看，具有以下三种传播逻辑（见图7-9）。

信息生产表现为"节点式生殖" 01

信息复制呈现为"节点式繁殖" 02

信息创新体现为"节点式变异" 03

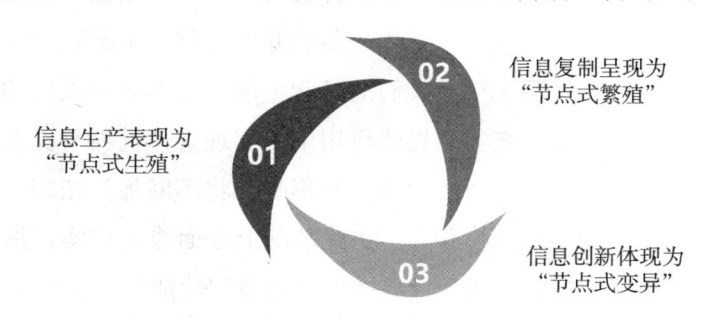

图7-9 社会化传媒网络信息的传播逻辑

信息生产表现为"节点式生殖"。信息生产的位置不再固定于初始端，网络化结构使得任意节点都能成为信息发布原点，成为海量信息的重要来源。同时，信息生产者的角色不再局限于媒体，信息传播节点上的任何人都可能被卷入信息生产与传播流程。然而，这并非单纯的内容涉及，而是在此基础上通过内容与被动一方的关系连接，实现"关系卷入"，是社会化网络区别于传统媒体网络的特色之一。信息复制呈现"节点式繁殖"。在社会化网络中，同类或同一信息的反复传播即"信息繁殖"，可强化对应的社会关系。用户作为信息转播者，其复制行为包含意见表达。信息的多轮次流向和关系人物的出现，使用户社交圈层不断扩展，信息影响力得以强化。信息效用在社会化网络下不仅不会被淹没，反而能得到更高利用。信息创新体现为"节点式变异"。用户不仅能传递信息，还会对信息进行二度编码，带上个人烙印。由于网络节点无限多且通路畅通，信息的"节点式变异"可将个人感情色彩的信息"烙印"变为群体性认知。信息在相邻节点间往复，经社会化讨论不断更新，又在相关节点外向延展中被赋予更多解读。径向传播与循环传播结合，可以剔除个体性部分，使信息承载更多群体性认识。

（二）社会化网络对社会的"再造"

现今，媒体应用功能持续扩展，大大满足了受众在社交、医疗、阅读、购物等方面的多元化需求。随着新媒体的发展，各类应用不仅在线上蓬勃发展，还逐渐进入线下领域，对物质世界的影响和渗透力日益增强。传媒产业链上的不同参与者纷纷针对性地开发各种具有"生活实用性"的媒体附加产品或服务。在新的媒体环境下，媒体产品的开发与创造紧密联系着广大消费者的日常生活。新媒体深入介入人们的日常生活，能够获取人们的各类生产生活数据，并进行整理后充实到媒体运用中，实现虚拟世界与真实世界的交流。在媒体发展中，这种对现实的映射和影响力将不断加深拓宽，最终，将会形成对真实社会的"全息影像"，在此基础上全面渗入现实，形成作用力与反作用力，对现实和虚拟两个世界产生"再造"功能。

而"再造"的功能主要体现在对人们生活方式与消费习惯的改变，更有利于人们快捷地获取信息与服务。"再造"也能够在无形中推动社会经济的发展，促进产业的升级与创新。此外，"再造"对于社会文化具有比较深远的影响，能够塑造新的价值观。

基于社会化传媒网络系统，媒体形成的拟态环境更加全面化地关注物质世界，并且在个人选择与公共事务两方面均有着较为强大的影响力。首先，媒体能够更加主动地构建个人生活空间，从而与个体对于媒体影像的自由选择达成较高的匹配度。其次，媒体在社会生产生活的实际参与过程中，可以有效建立独立的公共空间，借助媒体平台鼓励、引导受众积极发声，在观点的相互碰撞中不断推动社会的发展与进步。

媒体世界能够帮助个人建立起属于自己的世界，这恰好是对个人世界的投射。传媒社会化网络能够更有利于完整的世界景观的建立。在媒体库中，各种物质世界的数据都可以得到对应。在社会化网络的中心，往往是以个人为主的，因人而异，网络的中心主要是将受众作为中心。因此，这也意味着每一位受众都能立足自己的现实需求，结合自己的世界观架构，在媒体的"镜像"之中，自主选择合适的素材，从而不断拓展、延伸自己的世界景观。并且受众个人的世界是允许被他人访问的，可以和其他的受众之间达成良好的沟通与交流，又因媒体库信息资源所造成的"全时全景"的影响。总体来说，世界架构的变化仍以受众为主，受到了受众的控制。

公共空间的自由化建设更多地强调"群体"。"群体"是"个体"的对立面。建立社会化网络，可以为搭建公共空间带来诸多新的契机。社会化网络通常允许差异化的存在，也正因为具有一定的差异，所以在信息传播的过程之中，才使多个信息流向分叉、多种信息变异等成为可能，确保了网络的延伸和拓展，完整体现出了社会关系。社会化网络的差异又和认同具有并存的关系。有差异则容易引起一系列的讨论，而建立讨论组主要是以一定的社会关系为基准。当存在差异、有可讨论内容时，各方观点能够自由传播，通过交互逐步达成共识，与社会化网络全开放的通道特征相契合。社会化网络的构成类似蛛网分布，从某一原点出发，与话题或传播者具有高呼应性和高认同度的受众，包括传统大众媒体机构，会围绕在最近的径向节点上，依次排开，逐步展开网络。话题的中心位置不一定是发起话题的原点，可能会发生迁移，但在信息往复沟通中，会停留在往返较为密集的节点，即形成"精英话语"的位置，且越向外围越"民生化"，参与主体也越多。这种结构体现了公共空间中的精英主义，且为不同层次的参与者提供了表达和交流的平台，促进了观点的碰撞与融合，推动着公共空间在社会化网络中的不断发展和演变。

三、受众身份识别的优化

不论媒体的发展形势如何，或者产业结构如何转变、升级，"用户第一"是唯一不变的。从宏观角度上来看，技术的发展与信息的内容构建有一个共同的目的，即更好地刺激与满足广大受众的实际需求。但是基于当前新媒体环境，大量的媒体受众通过虚拟的身份出现，一个自然人能够同时拥有多个IP，在互联网中有多个身份。鉴于此，互联网身份识别和单一用户机制的建立，成为数字化时代新传媒产业发展的一个重要关口。

（一）受众互联网身份的识别

一直以来，在网络空间的发展中，全球没有公认的、可靠的或通用的身份识别技术。随着互联网与数字技术在全球范围内的普及，网络空间的可信身份标识引起了人们的重视。

在网络空间中，参与交易或交流的各方能够高度确信与已知实体交互，这是比较关键的一点。那么，应该通过何种方式一方面提高在线交易中个人、组织、服务和设备的身份标识可信度，另一方面保护用户隐私和网络自由传播特质呢？网络身份证为网络空间带来了新的变革契机，将使互联网变得更加简便、高效、安全与可信。每一位互联网使用者拥有网络身份证后，可进一步提升网络交互的安全性和确定性，促进新媒体等领域在安全的环境中持续创新发展，为数字经济和社会进步注入新的活力。

（二）一个用户身份

在新的媒体环境下，实现单个受众的"一个用户身份"，也就是在整体的传媒产业链当中，单个受众能够在所有的媒体系统之中，只用一个用户身份，就可以进入所有的媒体信息通道，实现所有产品与服务的共享。

在我国，社会化登录也已经渐渐成为用户集约的一个发展方向。社会化登录具体指的是网站允许受众应用社交化的媒体账号。比如，应用某一微博账号登录此网站。应用社会化媒体自身的影响力度有效增强用户的黏度，不断提高转化率。

（三）"单用户"制的受众模式

想要全面实现且不断维护"单用户"制的受众模式，需要传媒产业在实际运作的过程中持续改善、优化工作，打造适合"单用户"制生存发展的新媒体环境，应遵循由整体到局部的原则，并从机制、内容、技术等不同的角度上开展。

1. 产业链扩张推动内容集成

随着用户信息呈现从散乱多元向集中一元转变的趋势，用户对信息资源的需求也发生了重大变化，从零散化获取转向清晰定向获取、存储和归类。在此背景下，传媒产业的资源整合尤为关键。除了要对原有产品服务进行二次梳理，提升其质量和效率，还必须大力扩张产业链的上下游，形成分支健全、链制明晰的全新产业链结构。通过扩张信息来源渠道，丰富信息资源，为满足用户需求数量的增加和质量的提高奠定坚实基础。产业链扩张促成内容集成，将推动传媒产业实现可持续发展，更好地适应和满足用户不断变化的信息需求，提升自身的竞争力和影响力。

2. 企业群联盟确保服务开展

在新媒体企业融合的过程中，形成了各种联盟战线与集团化，这将会成为推动整体变革流程发展的重要力量。特别是各种媒体之间的相互合作与联盟，可以对垄断巨头构成比较强大的牵制力。对于广大的受众来说，实施企业群联盟意味着提高了整体的力量。这时，一些应对受众"冷门"需求的小型企业或服务提供商，可以得到集体主义的庇护，从而不断得以生存发展壮大，这样能够确保受众需求的完整性，避免受众与媒体在进行互动的过程中因受一些负面的因素影响而出现偏差。

3. 技术性更新支持定制升级

因为用户的信息基本集中在了一个账户中,对用户信息进行分类的标准与调动的方式往往变得更加多样、复杂。不仅如此,媒体库中的信息资源也受到了一定的影响,面临着以同类标准进行资源的整合调配。怎样确保两个领域中的信息科学化编制,则需要将技术手段作为支撑。技术的数据标准化分类不仅是非人为的一种客观判断,更具有可验证、可检索的特征。这些特征使技术性更新在数据业务的开展方面体现出了明显优势。技术的更新能不断提高个性化定制的精准度,并且还可以确保自动化更新与智能化匹配的实际发展要求。

参考文献

[1] 王雪梅，许志强，郝雯婧，等.智媒时代传媒人才"双创"教育多维融合路径研究[M].重庆：重庆大学出版社，2021.

[2] 王亮.传媒产业破坏性创新管理研究[M].厦门：厦门大学出版社，2020.

[3] 胡智锋，刘俊.传媒艺术导论[M].北京：北京师范大学出版社，2020.

[4] 马持节.传媒创新探索：理论与实践[M].广州：暨南大学出版社，2020.

[5] 黄晓新，刘建华，卢剑锋.中国传媒融合创新研究报告：2018—2019[M].北京：中国书籍出版社，2019.

[6] 张梅珍.全媒体时代的传媒发展与新闻传播教育重构[M].武汉：武汉大学出版社，2017.

[7] 王红强.产业融合趋势下的我国传媒产业发展研究[M].成都：四川大学出版社，2017.

[8] 朱天，梁英，等.新媒体与传媒产业生态[M].上海：复旦大学出版社，2015.

[9] 杨晓强."媒"日守望者：当代中国大众传媒社会责任研究[M].北京：新华出版社，2015.

[10] 谢征.传媒：国家软实力：传媒实力综合国力比较研究[M].北京：世界图书出版公司，2015.

[11] 段弘.传媒公关与公关传媒：媒介公关学教程[M].成都：四川大学出版社，2014.

[12] 陈羽，张营为，袁家菊，等.中国大众传媒产业价值链研究[M].成都：四

川大学出版社，2014.

[13] 张珵．数字人与传媒融合的生态建构 [J]. 中关村，2024（7）：102-103.

[14] 卢蒙．媒体产业经营新路径：大数据赋能垂直产业发展 [J]. 新闻传播，2024（14）：77-78.

[15] 姚高山．传媒产业中虚拟主播的角色转换与传播效能探析 [J]. 广播电视信息，2024，31（7）：43-45.

[16] 周对葵．前沿问题驱动的传媒产业研究 [J]. 新闻前哨，2024（12）：56-57.

[17] 姚大斌．传媒设计专业群对接产业链的产教融合策略研究 [J]. 教育教学论坛，2024（24）：51-55.

[18] 王润珏，黄沁文．"数智"时代传媒业新质生产力的生成路径与作用逻辑 [J]. 中国编辑，2024（5）：22-27.

[19] 李华君，王凯悦．情感智媒影响下传媒产业生态的系统变革、演化机制与规制路径 [J]. 宁夏社会科学，2024（2）：199-207.

[20] 刘洋瑞．传媒产业融合发展的路径探索与实践 [J]. 新闻采编，2023（6）：25-27.

[21] 李玲．传媒产业融合的规制问题与对策探究 [J]. 新闻研究导刊，2023，14（20）：254-256.

[22] 王爱民．论传媒产业融合发展路径与突破 [J]. 新闻研究导刊，2023，14（19）：215-217.

[23] 张安贝．浅析全媒体背景下电视传媒的商业模式 [J]. 文化产业，2023（26）：130-132.

[24] 杨洁．新媒体时代传媒产业的变革与发展 [J]. 西部广播电视，2023，44（14）：119-122.

[25] 陈晨．数字时代传媒产业的美学新动向 [J]. 声屏世界，2023（6）：20-22.

[26] 郑颖群．盘点2022：中国传媒产业全球化之路 [J]. 国际品牌观察，2023（2）：42-45.

[27] 陶喜红，陈雨坤．传媒产业价值链垂直分解、业务聚合与价值网生成 [J]. 中国出版，2023（2）：25-30.

[28] 郭全中，袁柏林. 传媒产业：积极寻求破冰之道 [J]. 青年记者，2022（24）：27–29.

[29] 崔保国. 中国传媒产业十年发展的成就与生态之变 [J]. 传媒，2022（21）：11–14，16.

[30] 游淳惠，郑琪琦. 解构元宇宙热潮：重塑传媒产业价值与路径 [J]. 中国出版，2022（21）：22–26.

[31] 陈立，廖静雯. 传媒产业价值链的转型逻辑：以电视节目产业为例 [J]. 南昌工程学院学报，2022，41（5）：55–59.

[32] 韩博. 计算传播推动下的传媒新业态 [J]. 青年记者，2022（20）：21–24.

[33] 王利民. 研究我国传媒产业的引领之作 [J]. 传媒，2022（16）：1.

[34] 李金兰. 价值共创理论视域下传媒产业商业模式的创新 [J]. 商业观察，2022（20）：23–27.

[35] 潘知洁. 媒介融合对传媒产业的影响及重构思考 [J]. 中国传媒科技，2022（7）：95–98.

[36] 邢艳芳，周舒琪，周云龙. 传媒产业变革下的高素质人才需求分析 [J]. 产业与科技论坛，2022，21（13）：111–112.

[37] 高丹阳，张啸."互联网+"背景下传媒产业创新的五大方向 [J]. 产业创新研究，2022（8）：19–21.

[38] 白玉芹，张芸. 媒体深融背景下传媒业新型盈利模式分析 [J]. 青年记者，2022（5）：62–64.

[39] 罗钰涵. 我国数字传媒产业发展特点、趋势及建议 [J]. 西部广播电视，2022，43（4）：17–19.

[40] 秦娜. 传媒产业在中国—东盟合作中的贡献研究：基于预期理论的实证分析 [D]. 南宁：广西大学，2023.

[41] 薛茗淼. 产业融合视角下 J 传媒有限公司战略转型研究 [D]. 南昌：南昌大学，2022.

[42] 许慧. 融媒体时代下中国电视传媒产业的商业模式创新研究 [D]. 武汉：湖北工业大学，2018.

[43] 王逊志.互联网背景下传统传媒产业转型路径研究[D].北京：北京邮电大学，2016.

[44] 白力民.传媒产业与智慧经济融合发展研究[D].杭州：浙江传媒学院，2016.

[45] 吴昊天.中国传媒产业发展研究：基于产业融合的视角[D].成都：西南财经大学，2014.

[46] 周娟.新媒体时代下的湖南传媒产业发展研究[D].长沙：湖南师范大学，2014.

[47] 汤青.中国传媒产业发展中技术因素影响实证研究[D].长沙：湖南大学，2014.

[48] 谭广宇.传媒产业园规划设计研究[D].哈尔滨：东北林业大学，2014.

[49] 李杰夫.当代传媒产业链及其协同效应的生成[D].广州：华南理工大学，2013.

[50] 魏丽宏.关于我国手机传媒产业发展的研究[D].北京：中国社会科学院研究生院，2012.

[51] 林吟昕.中国传媒产业与相关产业关联问题研究[D].南京：南京大学，2012.

[52] 周靖淇.中国传媒产业分类管理研究[D].长沙：湖南大学，2012.

[53] 王润珏.产业融合趋势下中国传媒产业发展研究[D].武汉：武汉大学，2010.

[54] 戴怡.当代中国传媒产业发展的路径选择[D].上海：上海社会科学院，2006.

[55] 俞莉敏.电视传媒产业价值链结构与发展研究[D].武汉：武汉大学，2005.

[56] 胡媛媛.论经济全球化下中国电视传媒产业的战略性对策[D].北京：对外经济贸易大学，2004.

[57] 叶乐阳.大众传媒产业研究[D].北京：中央民族大学，2003.

[58] 张守营.中国传媒产业进入结构性调整阶段[N].中国经济导报，2023-08-19（4）.

[59] 王伟.视听传媒产业全面拥抱 AI[N].中国电子报，2024-05-10（4）.

[60] 莫莉.全球传媒产业发展呈现五大趋势[N].金融时报，2023-08-18（8）.

[61] 莫莉.全球传媒产业在转型中寻求发展[N].金融时报，2022-08-16（8）.

[62] 孙海悦.传媒产业规模呈恢复性增长态势[N].中国新闻出版广电报，2022-08-10（3）.

[63] 闫松.传媒产业增速放缓，专家怎么看[N].中国新闻出版广电报，2021-08-26（3）.

[64] 游芸芸，余胜良.传媒产业变局：资本引导发展方向[N].证券时报，2015-08-21（A2）.

[65] 郭全中.传媒产业转型的可能性方向[N].中国出版传媒商报，2014-09-16（16）.

[66] 史玉根，刘攀炀.传媒产业：挑战与机遇同在[N].中国妇女报，2011-06-08（A3）.

[67] 杨帆.移动传媒与互联网成传媒产业增长主力[N].北京商报，2010-04-26（C8）.

[68] 谢琳.创新传媒产业发展新思路[N].首都建设报，2006-01-09（1）.